PODCAST入門

新手創建的必備寶典

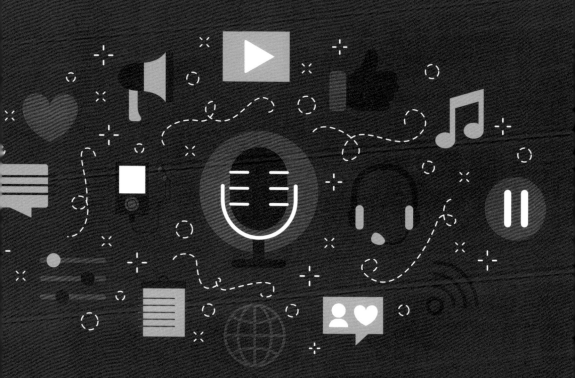

作者序一
PREFACE I

「如果有一天突然發生意外了，你能為這個世界留下什麼？」

　　這是我堅持做著 Podcast 這件事情的初衷，網路行銷是我的本業，對於聲音頻道製作從一開始的陌生到後來可以堅持著持續做下去，這段路並不好走，當時在華人市場對於音頻的製作資訊非常少，只有少數專業從業人員的資訊，但如何當成自媒體經營，如何完成在家錄音剪輯資訊是很少的，在走了很多冤枉路的過程中想著，如果有一天我能夠教會更多的人用聲音傳遞自己的理念該有多好。宇宙也似乎聽到了我這樣內心的呼喚，一些機緣下我開了課教新手如何在家完成個人頻道，協助了多位學生擁有了個人頻道，開啟了聲音自媒體的道路，我為孩子講故事的頻道得到了 2020 年度百大 Podcast 頻道的獎項，也有機會出書讓更多人受惠，這一路神奇的機緣不外乎一開始的起心動念：「想為這個世界留下些什麼？」

　　做 Podcast 頻道最難的不是剪輯技術、不是設備，而是「堅持」。你能不能堅持著固定時間產出內容，能不能堅持著不放棄持續待在這條道路上，持續堅持著做對人們有幫助有價值的內容，成功的路上其實一點都不擁擠，因為很多人會提早下車。

　　由衷感謝這一路上一直陪伴我的夥伴，以及指引我方向的所有人，沒有你們與我一同創造無限可能，我一個人辦不到，謝謝你們來到我的生命中。

現任　今威廣告行銷有限公司總監

經歷
- ◆ 個人頻道：蘋果媽咪的睡前床邊故事、希望企業診療間
- ◆ 2020 年 KKBOX 風雲榜年度百大 PODCAST
- ◆ 亞寬科技股份有限公司總經理
- ◆ 媽媽買創意設計總監
- ◆ 中國百強培訓師得獎人

- ◆ 中視、台視、TVBS 獨家新聞專訪
- ◆ 曾獲經濟日報、工商時報、PChome、勁報、蕃薯藤、大成報等多家媒體採訪
- ◆ 裕隆汽車行銷部企業內訓講師、勞動部、經濟部、聯輔基金會多家企業內訓行銷講師
- ◆ 布萊爾辛格（富爸爸首席顧問）講師培訓認證

PREFACE II

　　2004 年 Facebook 成立，人們開始會為自己創造一個新身份，一個可以讓自己編輯後再向世人公佈的身份。這就是「自媒體時代」的開始。

　　懂得利用這些媒體平台來創造自己的價值，即便是沒有產品，都能產出巨大的財富。

　　如果 Youtuber 操作你來不及參與，就來學習這新一代的自媒體，讓自己成為帶領世代的 KOL，學會 Podcast 操作，人人都可以是名嘴廣播人。

　　當疫情襲擊全球，讓很多實體產業紛紛轉成虛擬、線上產業。世界正式進入「滑世代」。當人們都渴望在手機、電腦、網路中獲取所有資訊時，趨勢的風口就已經來到。

　　一本好的工具書可以讓你減少走冤枉路，快速成為領域中的專家。

　　只要你願意，哪怕是只有一支手機或一台筆電，都可以開始踏入 Podcaster 的行列。

現任	豆子金商業學院創辦人、豆子金成長學苑創辦人

經歷	
◆ MEM 大腦擴充系統創辦人	◆ NLP 神經語言講師
◆ 兩岸講師聯盟講師	◆ 企業心理諮商講師
◆ 中華直感教練協會常務理事	◆ 潛意識卡企業教練
◆ 腦力開發講師	◆ 企業團隊融合教練
	◆ 企業業務培訓師

盧・納特（Lew・Nat）

經歷	
◆ 新加坡商明碟科技股份有限公司－工程部部長	
◆ 高點教育出版集團－系統分析師	
◆ 績碩科技股份有限公司－系統分析師	

著作	
◆ Tik Tok（抖音）操作攻略手冊	
◆ 行動支付大解構：掌握新消費習慣	

推薦序一
FOREWORD I 🎧

自媒體時代，造就驚人的粉絲經濟，透過科技的力量拉近全世界的距離

自媒體已經成為一個新的趨勢，無論是個人、網紅、明星、企業、包括非營利組織現在都開始積極經營自媒體，現在可以說是自媒體時代。而隨著科技的進步，更多的自媒體發佈平台不斷地推陳出新，現今當紅的平台例如 YouTube、Facebook、Instagram 等都吸引到非常多的創作者，而目前爆紅的 Podcast 更是新媒體的代表，從 Podcast 這類的自媒體可以看到，自媒體帶動了很多素人 KOL 藉著優質的節目內容得到粉絲的青睞，在短時間內累積大量粉絲變成有巨星般影響力的自媒體創作者，更進一步帶動 KOL 粉絲經濟，形成一個產業。

Podcast 就像一個可以隨時隨地收聽的網路廣播平台，也可以重複聽取，為聽眾帶來非常巨大的便利性，其中更重要的是 Podcast 頻道有非常多知識含量高的節目，這可能與製作成本和時間相關，因為如果要討論比較深度的知識、科學、投資、理財等主題，在 YouTube 上面的製作時間與成本相對高；再來許多創作者會覺得只要將聲音錄下來之後上傳，就可以輕鬆製作 Podcast 節目，這對於很多面對鏡頭會感到不自在的創作者提供了一個很好的創作平台。

Podcast 最有魅力的地方，就是任何人都可以透過 Podcast 上傳聲音檔的內容，現在有非常多的 Podcast Hosting 服務平台，透過這些服務平台一鍵式就可以把創作者的聲音檔案上傳到各大 Podcast 平台，非常方便。只要節目已上架各大平台，全球只要有網路的地方都能聽到世界各地的 Podcast 節目，沒有任何的地區、語言、時區限制，所以許多住在海外的 Podcast 創作者，因為製作的節目內容很受本土聽眾的喜愛，還是一樣可以獲得非常多的粉絲關注，進而成為有帶貨能力的 Podcaster 播客明星。

本書作者擁有豐富的 Podcast 製作課程資歷，累積了許多線上以及線下的教學經驗，決定創作一本介紹 Podcast 以及讓想要投入 Podcast 的創作者入門的最佳書籍，相信本書可以幫助所有想投入 Podcast 的創作者，成為接觸製作 Podcast 節目的最佳寶典！

正成集團副總經理

丘紘豪

FOREWORD II 🎧

今年四月份甫出版《一頁銷售賺錢兵法》並創下驚人佳績的曾蘋果（薇玲）又要出書啦！這是收到蘋果邀約寫序時，我心裡的 OS。

看過這本賺錢兵法的朋友一定會對書中鉅細彌遺的實操與案例印象深刻，從來不曾看過有人願意把所有的技巧與撇步公開揭露，所以，當我看到蘋果即將推出的這本新作，同樣只能用震驚兩個字來形容！

這種不藏私而且接連出版的速度，充分展現出成功企業家的執行力與創造力，尤其華人市場的「數位聲音媒體播客（Podcast）」是才剛強勢崛起，發展的時間不長，能做出成果且技術、經驗均能一步到位的播客也不多，她卻在極短的時間內以《蘋果媽咪的睡前床邊故事》拿下兒童教育類前十名，更摘下《KKBOX 百大 Podcast 風雲榜》的殊榮，這種速度與能耐真的讓我們連車尾燈都瞄不到了！

以美國為例，平均每檔 Podcast 節目會有 2.8 個廣告，從吃的、喝的、烈酒、保養品，到成人用品、遊戲 App、線上服務、外送平台、健身器材等，幾乎什麼都有、什麼都賣，甚至連售價 3 萬元的婚戒也都可以透過 Podcast 來推廣販售。

反觀華人目前的 Podcast 市場，大部分的播客（Podcaster）可能都還在摸索、嘗試，很多人都還搞不清楚這些軟硬體設備及播放平台的差異，這也是蘋果這本新書最值得推薦的重點，尤其是以一個網路行銷界大師級人物來撰寫 Podcast 兵法書，絕對不同於一般工具書的視野。

此外，美國最知名的 Podcaster 喬‧羅根（Joe Rogan）經營的 Podcast 節目《Joe Rogan experience》累積下載次數已達 1.9 億，根據《富比士》報導，他的年收入高達 3,000 萬美元，所以，恭喜買下這本書並且準備在 Podcast 大展身手的你，華人市場的播客目前平均廣告接案費用為 10～30 萬元台幣不等，而這個價格還在持續成長中，趕緊跳過我的推薦序，仔細閱讀研究書裡的每個細節吧！

台灣創速 /X-Tech Fund 執行合夥人

FOREWORD III

曾蘋果（薇玲）是我在行銷教育的相關團體認識的學妹，當時我正在台上分享偏鄉「科學教練」公益活動，後來聽她說，當時她在台下，已經注意到我所辦的活動，只是我分享完也去匆匆，她找不到我，而感到沮喪。

過幾週，我們在後來的活動又見面了，她便衝過來告訴我：「學長我可以捐款公益活動，讓我也一起參加嗎？」在當下的我，知道活動經濟較貧瘠，她這麼一說，讓我頓時感動到流淚，曾蘋果給我第一印象是有一顆天使善良的心。

而後，我知道她對於設計有較為豐富的經驗，我則是操作廣告較為大膽，我跟她說：「不然我們合作吧！」而後我們一路過關斬將，好幾個廠商本來都快倒掉了，被我們弄到月千萬營業額，救了無數個廠商的業績，這一路我們測試了好多方法，常常光一個案子，曾蘋果就帶領團隊做了近 50 種以上的影片素材，也常常自己下來拍攝影片當女主角，曾蘋果給我第二個印象是有一顆天道酬勤的心。

在 Podcast 剛崛起的時候，曾蘋果也聞到商業氣息，勇敢進入這行業，她用最短的時間了解 Podcast 的所有命脈，也迅速開了 Podcast 課程，我則是幫她用廣告推廣出去，同時她在自己的頻道「蘋果媽咪的睡前床邊故事」快速經營，排行榜迅速竄升，在這中間我們遇到了很多問題，也快速的解決，她將自身經驗濃縮於一書，讓初學者可以快速的學習，在這資訊爆炸的時代裡，不妨靜下心來，讓耳朵洗淨一下，Podcast 絕對是現在最好的首選。曾蘋果給我第三個印象是有一顆勇敢創新的心。

星米整合行銷有限公司執行長

林永柏

Contents 🎙 目錄

CHAPTER. 04

上傳音檔
UPLOAD AUDIO FILE

CHAPTER. 05

附錄
APPENDIX

CHAPTER. 01

Podcast
的基本

THE BASICS OF PODCAST

Introduction To Podcast

THE BASICS OF PODCAST

0:04 -32:45

「Podcast」是由「iPod」和「broadcast」組合而成，以播放音頻為主的平台，與傳統廣播須定時收聽的性質不同，Podcast 即使錯過首播時間，聽眾也能隨時到自己追蹤的 Podcaster 平台收聽，以下簡介 Podcast 的功能及模式。

Section. 01
理解 Podcast 與廣播的差異性

傳統廣播	◆ 收聽方式：調製頻率訊號。 ◆ 話題限制：有規範限制，故而無法暢談任何內容。	◆ 地域限制 ○；限制收聽時段 ○；收聽彈性 ✕；重複播放 ✕；離線下載 ✕。
Podcast	◆ 收聽方式：網頁、手機 App。 ◆ 話題限制：話題沒有任何限制，暢談無阻。	◆ 地域限制 ✕；限制收聽時段 ✕；收聽彈性 ○；重複播放 ○；離線下載 ○。

Section. 02
認識多元的節目類型

Podcast 的節目類型多元，能讓聽眾有更多的收聽選擇，以下分別說明。

類別	說明
心靈／自我成長類	分享關於自我成長，以及如何去面對人生困難等心靈成長的話題。
新聞時事類	談論國內外的時事趨勢及焦點等話題。
商業投資類	談論理財投資等話題。
科技類	分享產業科技、商業世界等知識。
語言學習類	學習外語及本土語言等內容。
人物專訪類	依各單元的主題邀請不同來賓進行訪談。
兩性類	分享兩性相處模式及戀愛、婚姻經歷等內容。
生活雜談類	以聊天的形式圍繞個別主題，以及日常生活中等話題。

Section. 03

具備收聽及自動推播的功能

Cloumn 01

收聽功能

主要以電腦和手機下載 App 為主，不受任何時間、空間的限制，便利性更高，下表為電腦及手機 App 的收聽方式。

工具		方式
電腦		開啟瀏覽器搜尋任一 Podcast 平台，進入頁面搜尋節目名稱、主持人的關鍵字，點選播放器按鈕後即可收聽。
手機 App	iOS 用戶	◈ 內建：選擇內建的 Podcast，打開後即可收聽。 ◈ 下載：於 App store 搜尋「Podcast」，點選安裝並在完成後打開 App，任意點擊播放器按鈕即可收聽。
	Android 用戶	◈ 內建：無。 ◈ 下載：於 Play 商店搜尋「Podcast」，點選安裝並在完成後打開 App，任意點擊播放器按鈕即可收聽。

ARTICLE
02

Podcast的 製作流程

Production Process Of Podcast

THE BASICS OF PODCAST

6:18   -26:59

STEP **01** **準備錄音設備【**註：請參考錄音的基本配備 P.36。**】**

單人錄音設備建議

雙人錄音設備建議

02 準備腳本或訪綱

可讓錄音的流程較為順暢，以及能有效掌握錄製節目的節奏。【註：請參考撰寫腳本的兩種方式，以及設計訪綱的要領 P.46-P.50。】

03 麥克風錄音

剛開始錄 Podcast 時，建議採用結合電容、動圈兩種功能的 USB 麥克風，之後若是想長期經營 Podcast，則可根據功能性挑選適合自己的麥克風。【註：請參考錄音的基本配備 P.36。】

04 後製音頻

Audacity（P.78）

Audacity 官方
網站 QRcode

可錄音、混音、剪輯，以及編輯音訊等操作。

Zencastr（P.91）

Zencastr 官方
網站 QRcode

於線上平台多軌錄音，且能自動生成 Mp3 檔。

STEP **05** **上架 Podcast**

Method 01 | 收聽與託管服務為同一平台

Firstory（P.155）

Firstory 官方
網站 QRcode

SoundOn（P.211）

SoundOn 官方
網站 QRcode

Method 02 | 收聽與託管服務為不同平台

Apple Podcast
（P.228）

Apple Podcast
Connect 網站
QRcode

Google Podcasts
（P.236）

Google 播客
管理工具網站
QRcode

STEP **06** **推廣節目**

參加或舉辦 Podcast 聚會、經營部落格及社群平台、Email 行銷等。【註：
請參考與目標聽眾建立連結 P.68。】

ARTICLE
03

介紹託管平台

Introducing the Hosting Platform

THE BASICS OF PODCAST

13:24 -19:55

託管平台又稱為 hosting 服務平台、Podcast hosting。它能讓 Podcaster 上傳音檔及發布節目，且能提供 RSS Feed 上架至各大 Podcast 平台的服務，而託管平台提供上傳音檔、發布及管理節目資訊、查看後台數據分析，以及須先發布節目產出 RSS Feed 後，才能上架至 Podcast 平台的四種功能。

Section. 01
兩大常見託管平台

每個託管平台各有不同的功能限制，所以使用前須先了解目前選擇的託管平台支援哪些功能，以下介紹兩個常見託管平台。

Firstory
（ P.126 ）

◆ 上傳限制✕；操作介面簡單〇；觀看數據分析〇；產生 RSS Feed 〇；提供個人節目網頁〇；自動分發至 Podcast 平台〇；轉移託管平台〇；支援自訂域名〇；排程發布〇。

◆ 其他須知：官方會收取聽眾斗內 20% 的手續費。

SoundOn
（ P.184 ）

◆ 上傳限制〇；操作介面簡單〇；觀看數據分析〇；產生 RSS Feed 〇；提供個人節目網頁〇；自動分發至 Podcast 平台✕（ Apple Podcast、Google Podcasts 例外 ）；轉移託管平台〇；支援自訂域名〇；排程發布〇。

◆ 其他須知：網頁版只能上傳小於 300mb 的 MP3 音檔。

介紹 RSS Feed

Introduction to RSS Feed

THE BASICS OF PODCAST

17:54　　　　　　　　　　　　　　　　-15:25

　　全名是 Really Simple Syndication，中文名稱為簡易資訊整合、簡易供稿機制，網址通常以 .rss 結尾，而需要使用 RSS Feed 主要是因為 Podcast 平台並不能直接上傳音檔，而是須上傳至託管平台（Hosting）後，產生的 RSS Feed 網頁，才是 Podcast 平台能讀取的網頁。【註：每個託管平台提供的 RSS Feed 的服務和介面都不同，所以使用者可依個人需求選擇。】

Section. 01
上架 RSS Feed 流程

STEP **01**　上傳音檔至託管平台（Hosting），並發布節目，平台會直接產生 RSS Feed 的網址。【註：Firstoy 請參考 4-1-3 上傳單集 P.140、SoundOn 請參考 4-2-3 新增單集 P.203。】

STEP **02**　複製 RSS Feed。【註：目前 Apple Podcast 及 Google Podcasts 須至各自平台貼上 RSS Feed 的網址才能連動。】

Firstory (P.156)　　　　SoundOn (P.211)

Firstory 和 SoundOn 複製 RSS Feed 的地方。

STEP **03**　提交至 Podcast 平台。【註：Firstoy 請參考 4-1-6 發布 Podcast P.155、SoundOn 請參考 4-2-4 發布節目 P.211。】

STEP **04**　上架成功後，若有新單集上架至託管平台，節目就會在用戶有連動的 Podcast 平台自動更新，而有訂閱該 Podcast 平台的聽眾，就會收到通知。

Section. 02
編輯 ID3 標籤

　　為組成 **RSS Feed** 的要素，因一般將音頻上傳至平台，並不會含音頻相關的資訊，所以可藉由製作 ID3 標籤，編輯你的音頻標籤，含括節目封面圖片、單集標題、**Podcaster** 名字、節目標題等資訊，讓聽眾在下載音頻時會有節目相關的資訊。

tagmp3 網站
QRcode

Cloumn 01
tagmp3 平台操作説明

01

進入 tagmp3 的網站，點擊「Choose Files」上傳音頻。

02

跳出資料夾，選擇要上傳的音檔。

03

點選「開啟」。

04

畫面顯示音頻正在上傳，儲存條消失後，即完成上傳。

Existing Album Art	❶	No existing album art / picture
Choose new album art / picture		No file chosen	Browse	❷
Title	❸	test
Artist	❹	測試
Album	❺	測試測試
Track Number	❻	1
Genre	❼	happy
Comments	❽	測試囉
Year	❾	2021

Added all necessary information? Great! now, press the 'Done' button below, and we will generate updated files for you that will have these new tags written in them, and in the next step, you will be able to download your new files. If you have any issues adding

05

系統自動跳轉至填寫音頻資訊的頁面。

❶ 頁面顯示現在沒有節目封面。

❷ 點選「Browse」後可上傳節目封面。
【註：可視個人需求選擇是否上傳。】

❸ 輸入本集標題。

❹ 輸入創作者名字。

❺ 輸入節目標題。

❻ 輸入集數。【註：可依上傳集數輸入。】

❼ 輸入節目類型。

❽ 輸入本集重點敘述。

❾ 輸入年份。

06

點選「Done！Generate New Files」上傳音檔資訊。

07

進入上傳完畢的頁面，點擊「Download 錄音 .mp3」，下載含 ID3 標籤的音檔。

Podcaster 的收益來源，會因節目經營形式不同而有所差異，以下為說明 Podcaster 五大類的收益來源。

廣告業配

若是身為排行榜上的 Podcaster，就有可能收到廣告主的邀約，希望 Podcaster 能以口播、節目冠名，或專門錄製一集等方式來置入產品，廣告主會支付廣告費，就為 Podcaster 的收益來源。

聽眾贊助

Podcaster 可以透過 Firstory、SoundOn 等第三方收款平台，於播放器底下、個人網站上提供贊助連結，讓聽眾能以小額贊助的方式增加 Podcaster 的收益。

Section. 03

O2O 的商業模式

　　Podcaster 可以透過 Podcast 平台先提供含金量高的內容，並吸引累積一定聽眾後，再轉開線下實體課程或是宣傳自有品牌等，作為 Podcaster 的其他收益來源。

Section. 04

聯盟行銷

　　在部落格或社群平台提供產品連結、優惠代碼，當有一個聽眾點擊連結進行消費後，Podcaster 就可從中獲得佣金，作為一種持續性的被動收益來源。

Section. 05

訂閱模式

　　此功能適用於傳遞知識內容的 Podcaster，透過自己的獨特觀點及分析，讓聽眾願意付費訂閱 VIP、限定版的內容。

ARTICLE
06

素材載點介紹

Material Download

THE BASICS OF PODCAST

29:17 ———————————————●———————— -4:02

Section. 01
商用音樂載點介紹

以下為免費、付費的音樂網站，以及使用說明。

YouTube音效庫
網站 QRcode

◂ YouTube音效庫

須註明出處，就可免費使用。

Film Music 網站
QRcode

◂ Film Music

登入才能下載音樂素材，且須註明出處，就可免費使用。【註：
若同個人創作兩首歌，則須註明兩次。】

免費版	除了 PREMIUM 無法下載外，其他都能下載。
一次付費 20 歐元	PREMIUM 的歌曲價格會不同。

FreePD 網站
QRcode

◄ FreePD

無須登入，也無須註明出處即可使用。

免費	10 美元	25 美元
可下載任何 MP3。	一次可下載 800 個 MP3。	可下載 100 多個 WAV 文件，800 以上的 MP3。

cchound 網站
QRcode

◄ cchound

無須登入，只須依照授權方式註明出處，就可免費使用。

Artlist 網站
QRcode

◄ Artlist

為須付費的音樂網站，但整體品質較高。

Freesound 網站
QRcode

◄ Freesound

可透過標籤方式尋找音樂素材，須登入後才能下載該素材，而使用時須註明出處，就可免費使用。

Section. 02
商用圖庫載點介紹

以下為免費圖庫的網站，以及使用説明。

CCO 免費圖庫
搜尋引擎網站
QRcode

◄ CCO 免費圖庫搜尋引擎網站

須註明出處，就可使用。

unDraw 網站
QRcode

◄ unDraw

無須註明出處，就可免費使用。

ARTICLE 07

常見問題Q&A

Questions & Answers

THE BASICS OF PODCAST

31:54   -0:35

01 Question 做 Podcast 可以賺錢嗎？

初期名氣還不夠高時，須透過經營個人品牌，如：粉絲專頁、部落格等，讓自己的 Podcast 躍升排行榜上，才有可能吸引到贊助商，進而有接業配等賺錢的機會。

02 Question 一定要買設備才能開始錄製嗎？

如果只是想嘗試製作 Podcast，可先以手中現有設備為主，利用手機或電腦內建的麥克風錄音，在確認真心想經營 Podcast 時，就可依需求添購其他設備優化音質。

03 Question 有限制主題範圍嗎？

Podcast 沒有限制主題，但建議命題不要太過冷僻，因較少有聽眾收聽；而含有時效性的主題，容易在討論熱度過後退出流行，讓原本感興趣的聽眾跟著銳減。

冷僻內容	書法、紋身等。
時效性的內容	滑雪、指尖陀螺、飛輪、滑板等。

主題要選現下熱門議題？還是選本身有興趣的事物？

因為 Podcast 較注重內容含金量，所以創作者須選擇讓自己有動力、且能持續鑽研的題材，讓自己即使面臨前期收聽率低，還是能維持一定的熱情製作節目。

熱門議題	❖ 優點：搭上熱潮，並能在短時間內增加收聽率。 ❖ 缺點：若題材之後沒有被談論的價值性，自己可能會因收聽率降低而受挫，使自己沒有動力繼續製作節目。 ❖ 改善：鑽研這部分的議題，並挖掘出更深入知識點，讓聽眾想對這個議題更加了解，進而變成忠實聽眾。
興趣	❖ 優點：比較有動力製作節目。 ❖ 缺點：會有自己的盲點，聽眾可能不會覺得有趣。 ❖ 改善：以多方角度敘述事情，讓聽眾能從不同面向接收知識，並因此對這個主題產生興趣。

可以在家錄音嗎？

可以，若擔心環境音，可在家裡 DIY 簡單的錄音環境，例如：在棉被裡錄音，或者在麥克風周遭放枕頭、棉被等柔軟布料，藉此降低環境音的干擾。

錄完後可以直接上傳音檔嗎？

如果確保錄音的環境裡沒有噪音、回音等干擾狀況，過程中也很順利，就無須透過剪輯後製，可以至託管平台直接上傳音檔。

命名節目標題有限字數嗎？

Podcast 並沒有明確的字數限制，但建議不要超過 10 到 12 個全形字，才不會因標題冗長被系統隱藏起來。

08 節目封面跟單集封面是必要的嗎？

是必要的，除了節目封面是上架的規定外，當聽眾還不熟悉自己時，節目封面就是象徵「自己」的品牌，因此封面須含創作者名字、節目名稱、節目簡介，讓聽眾了解該節目要傳達的理念，進而選擇收聽節目，另外也能在打出知名度時，吸引贊助商的注意。

節目封面示意圖

須注意節目封面的規格最小為 1400X1400 像素，最大為 3000X3000 像素，若沒有單集封面，則系統會自動套用節目封面。

09 要怎麼命定節目標題？

把品牌名稱設定在前四個字，後面再接節目描述，除了可讓聽眾從標題中直接看見你的品牌外，也能在清楚該節目要傳達的理念後，吸引有興趣的聽眾進一步收聽節目。

10 主持模式要選單人還是雙人？

各有利弊。單人主持雖然時間自由，但較考驗個人的控場能力；雙人主持則較考驗彼此的默契及臨場反應，因節目是透過兩人的互動，活躍現場氛圍，藉此跟聽眾產生連結，所以如果其中一方有怯場、緊張等情況，可能會因此打亂節目的節奏。

單人主持	◈ **優點**：時間安排較自由。 ◈ **缺點**：若缺乏控場能力，容易造成冷場。
雙人主持	◈ **優點**：能一起想企劃，並藉由在節目中的互動以避免冷場。 ◈ **缺點**：須配合搭檔的時間，才能安排錄製節目，另外也須注意彼此的默契及臨場反應。

需要到每個 Podcast 平台上架節目嗎？

目前在 SoundOn 和 Firstory 上架節目，可同步連動至各大 Podcast 平台，除了 Apple Podcast 和 Google Podcasts 須至它們的平台輸入 RSS Feed，以及若要上架至 Apple Podcast，須先申請 Apple 的 ID，並用 iTunes 登入後，才可上架。

多久會看到上架後的節目？

每個 Podcast 平台審核時間不一定，最久不會超過一個月。

每次上架新節目，都須再次上傳至 Podcast 平台嗎？

不需要。因為平台能透過 RSS Feed 去抓取更新的資訊，所以只要審核通過後，就能自動上架節目。

什麼是 RSS Feed ？

它是一頁式網頁，讓使用者運用同一個頁面彙整 Podcast 等平台的節目資訊，而聽眾可透過訂閱 RSS Feed，隨時收到平台有更新的通知。

一定要經營社群平台嗎？

因為 Podcast 跟聽眾的交流大多為單向，有些收聽平台沒有提供留言功能，所以 Podcaster 無法跟聽眾建立連結，因此可以藉由經營社群平台，來瞭解目標聽眾外，也能藉此培養忠實聽眾。

需要在部落格裡放節目的逐字稿嗎？

不一定，但擺放逐字稿，除了能讓聽眾透過文字版再回味一次，也能強化 SEO，讓潛在用戶成為節目的聽眾。

CHAPTER. 02

建立 Podcast 的 4 大關鍵

ARTICLE 01

話說：
攻略你的個人資源

Words: Raider Your Personal Resources

4 KEYS TO BUILDING A PODCAST

0:04   -45:45

Section. 01
釐清錄製音頻的動機

在做 Podcast 之前，必須先釐清自己想錄製音頻的動機，不管是知名度、好玩、想賺錢等，這些動機除了能支撐 Podcaster 度過創建初期沒有既定粉絲、聽眾的情況外，也能在自己面臨到單集無人收聽的狀況時，提供自己撐下去的動力，並能持續為個人品牌付出，成為成功的 Podcaster！

① 業餘好玩

有些人是抱持著玩新平台的心態進入 Podcast，並不太在意名利，但這類型心態，若沒有聽眾回應，較易在 2 ～ 3 個月後，就不錄製新音頻。

② 聯繫舊朋友、認識新朋友

　　在製作 Podcast 時，可邀請不同行業別、久沒聯繫的朋友等，並運用對談的方式錄製節目音頻，除了能建立感情外，也能創造出不一樣的話題。

③ 提升知名度

　　若是素人、企業等品牌，想打響自己的知名度，除了下廣告外，也需要持續經營節目，才能透過累積忠實聽眾提升知名度。

④ 接業配、賺錢

　　不論是有既定粉絲、有名氣，或是素人，只要想接業配，都須先讓自己的節目進入百名榜內，才會吸引贊助商來談業配、置入廣告等，以達到接業配、賺錢的目的。

⑤ 傳遞個人理念

　　有些人想將工作經歷、自身歷練、專業領域等知識跟大家分享，就會透過 Podcast 傳遞自身的想法或價值觀。

Section. 02

以 SWOT 分析擁有的實際資源

　　運用 SWOT 分析自己的優劣勢，除了能看清自己實際擁有的資源，也能更精準運用自己的軟、硬實力，在未來規劃節目時，就能作為實際的參考，以下簡單說明 SWOT 代表的意義。

◆ S 優勢：觀察自己有哪些優勢條件，如性格優點、擁有的基本能力、專業技能等。
◆ W 劣勢：觀察自己有哪些劣勢，如性格缺點、缺乏能力，或現階段無法補足的資源等不利條件。
◆ O 機會：分析自己如何把握住所處環境的機會。
◆ T 威脅：分析自己如何降低所處環境的威脅。

檢視須具備的資源與條件

以下 SWOT 分析，可針對自己符合的項目勾選，若沒有符合的項目，則可寫在其他。

內部（本身）優勢
STRENGTH

性格特質

☐ 擁有抗壓性　　☐ 喜歡與人互動

☐ 擅長人際溝通　☐ 擁有邏輯能力

☐ 能接受他人的建議

☐ 正向思考　　　☐ 其他：_____

基本能力

☐ 表達能力　☐ 企劃能力　☐ 製圖能力

☐ 寫作能力　☐ 解決問題能力

☐ 控管時間　☐ 剪輯音頻能力

☐ 打字速度：_____（字數／分鐘）

☐ 其他：_____

專業技能及加分條件

☐ 證照：_____

☐ 國際證照：_____

☐ 專業技能：_____

☐ 外語能力：_____

☐ 外語證照：_____

☐ 人脈廣　☐ 資金充足　☐ 時間充足

☐ 懂得行銷自己的節目

☐ 擅於經營社群平台

☐ 其他：_____

內部（本身）劣勢
WEAKNESS

性格特質

☐ 三分鐘熱度　☐ 缺少邏輯能力

☐ 缺少耐心　　☐ 易負面思考

☐ 自以為是　　☐ 說話易吞吐

☐ 容易忘記要做得事情

☐ 其他：_____

基本能力

☐ 時間有限

☐ 缺少剪輯能力

☐ 沒有錄音經驗

☐ 沒有時間觀念

☐ 其他：_____

現階段無法補足的資源

☐ 缺少人脈

☐ 資金不足

☐ 時間有限

☐ 找不到錄音地點

☐ 錄音設備有限

☐ 不會經營社群平台

☐ 其他：_____

	外部機會（環境） OPPORTUNITY		外部威脅（環境） THREAT

□ 網路上的教學資源
□ 線下課程
□ 無限制進入門檻
□ Podcast 平台上架步驟較簡易
□ 加入臉書社團或者聚會
□ 其他：＿＿＿＿＿＿＿＿＿＿

□ 已有太多相似的節目類型
□ 主題較小眾
□ 市場趨近飽和
□ 很難有實質收入
□ 較難累積知名度
□ 其他：＿＿＿＿＿＿＿＿＿＿

Section. 03

規劃個人資源

檢視完自己擁有的資源後，就要進行資源整合，Podcaster 須思考該如何有效運用個人資源，製作出專屬的節目。

項目	寫下你的答案（可隨時調整）	舉例說明
節目 名稱 & 介紹	節目名稱：＿＿＿＿＿＿ 節目介紹：＿＿＿＿＿＿	節目名稱：說孤事。 節目介紹：說孤魂野鬼的故事。
宣傳節目	□ 告訴親朋好友。 □ 參加聚會或同學會時告訴大家。 □ 用 LINE 發布文章。 □ 發 LINE 群組。 □ 透過 Facebook 發文。 □ 加入 Podcaster 的社團。 □ 參加 Podcaster 的聚會。 □ 建立自己的部落格。 □ 其他：＿＿＿＿＿＿	以加入 Podcaster 的社團為例。 ① 在社團內發文宣傳節目。 ② 與社團內的 Podcaster、聽眾進行互動。 ③ 參加 Podcaster 的線下聚會。 ④ 建立自己的部落格。

項目	寫下你的答案（可隨時調整）	舉例說明
事前規劃和準備	□ 合作夥伴：＿＿＿＿＿＿ □ 資金來源：＿＿＿＿＿＿ □ 討論時間：＿＿＿＿＿＿ □ 討論地點：＿＿＿＿＿＿ □ 聯繫方式： 　◆ 當面討論 　◆ 電話 　◆ LINE □ 軟體設備：＿＿＿＿＿＿ □ 硬體設備：＿＿＿＿＿＿ □ 錄音環境：＿＿＿＿＿＿ □ 其他：＿＿＿＿＿＿	合作夥伴：我和另一位朋友。 資金來源：開一個公用戶頭，各提供薪水的十分之一。 討論時間：週末的下午到晚上。 討論地點：朋友家裡。 聯繫方式：以當面討論為主。 軟體設備：Audacity。【註：請參考 3-1-1 Audacity P.78。】 硬體設備：使用手機 APP 錄音。【註：請參考 3-2 手機版錄製軟體教學 P.103。】 錄音環境：自己動手布置。【註：請參考錄音環境相關 P.40。】
界定目標聽眾	□ 你的目標聽眾是：＿＿＿＿ □ 希望節目帶給他們什麼：	目標聽眾：學生、上班族。 期望帶給聽眾：希望能讓他們了解另一個次元的故事。
建立忠實聽眾	□ 經營部落格。 □ 經營社群平台： 　◆ Facebook 　◆ Instagram 　◆ Twitter □ 了解聽眾聽完後的感想。 □ 鼓勵聽眾回饋意見。 □ 與聽眾互動。 □ 其他：＿＿＿＿＿＿	① 持續經營部落格。 ② 經常在社群平台發文，每個平台的文章都會有些區別。 ③ 做問卷調查，了解聽眾的感受。 ④ 邀請聽眾到自己經營的部落格、社群平台。

與他人交流	□ 找相關節目類型的 Podcaster。 例如：＿＿＿＿＿＿＿＿	找說故事類型的 Podcaster 一起合作。
帳戶管理	□ 支出項目： ① ＿＿＿＿＿＿＿＿ ② ＿＿＿＿＿＿＿＿ ③ ＿＿＿＿＿＿＿＿ ④ ＿＿＿＿＿＿＿＿ ⑤ ＿＿＿＿＿＿＿＿ □ 收入項目： ① ＿＿＿＿＿＿＿＿ ② ＿＿＿＿＿＿＿＿ ③ ＿＿＿＿＿＿＿＿ ④ ＿＿＿＿＿＿＿＿ ⑤ ＿＿＿＿＿＿＿＿	確實記帳，並釐清花費項目是否為必要支出。 ① 麥克風等錄音設備。 ② 來賓的車馬費。
自我管理	□ 注意健康狀況： 　◆ 作息 　◆ 三餐正常 □ 注意時間管理。 □ 情緒管理。	① 作息正常不超過十一點睡覺。 ② 三餐正常。 ③ 在行事曆上標註製作 Podcast 的時間。 ④ 不受聽眾的評論影響情緒。

話題：製作你的原創 Podcast

Topic: Make Your Original Podcast

4 KEYS TO BUILDING A PODCAST

10:28   -35:17

Section. 01

錄音設備及環境說明

在開始錄製 Podcast 前，除了麥克風外，也須了解錄音時的基本配備、功能等，並在個人成本的考量下衡量，配備的添購、租借錄音室的必要性等。

Cloumn 01

錄音的基本配備

如果在資金充足的狀況下，建議購買麥克風，以及監聽耳機，除了可以呈現出較好的音質外，也可藉由購買相關的輔助設備，例如麥克風轉接頭、防噴麥罩、防震麥克風支架等，提高錄音的品質。

USB 麥克風

適用於 USB 轉接頭，它能結合錄音介面，但只可以錄製一軌人聲，若想瞭解其他麥克風的類型、線材等相關知識，則可參考 P.38-P.39 的補充知識。

防噴麥罩

它能有效減少噴麥、爆音等讓人聽起來不舒服的狀況。

防震麥克風支架

為桌上型麥克風手臂，它能依據個人需求，調整成收音清楚的角度。

錄音介面

無須透過電腦，即可擁有監聽功能，能從耳機或喇叭聽到錄製的聲音。

監聽耳機

為入耳式監聽耳機，可監聽自己的聲音，主要功能為聲音重現，所以能聽見錄音當下的狀態，並能及時決定是否需要重錄。

為耳罩式監聽耳機，可以在錄音時確認是否有雜音、環境音和空間造成的回音，並能在當下做出改善，減少後製剪輯的負擔。

usb camera kit

可一邊接上麥克風，一邊接上電源，以免錄音過程中手機沒電。

吸音棉

具有較佳的消音效果，可貼在牆上吸收噪音，讓錄音的品質更清晰。

◉┃ Tips：麥克風相關知識補充

◈ 指向性介紹

全指向性

| 收音效果 | 360 度收音，所以話筒不必特別指向某一處。 |
| 適　　合 | 錄音人數眾多，常見為領夾式麥克風。 |

心型指向性

| 收音效果 | 面向使用者的話筒前端有較好的收音效果，而後端最弱。 |
| 適　　合 | KTV 麥克風大多為這種類型。 |

超心型指向性

| 收音效果 | 比心型指向性窄，所以左右兩側干擾小。 |
| 適　　合 | 錄製純人聲，能近距離收音。 |

槍型指向性

收音效果 有最窄的指向性,所以最不容易受到環境音的干擾。

適　　合 戶外節目的收音。

雙指向性

收音效果 從話筒前方和後方收音,但側面不收音。

適　　合 樂器錄製,或是兩個人的訪談節目。

◈ 麥克風類別介紹

動圈式麥克風

對周遭環境的聲音比較不靈敏,建議以談話為主的節目。

電容式麥克風

收音非常靈敏,環境音容易被收進去,大多用於錄音室。

指向性麥克風

輕巧方便易攜帶,毛制的防風罩能防止噪音干擾,適合在戶外等吵雜環境使用。

◈ 麥克風線材介紹

① XLR 轉接頭:又稱 Cannon 接頭,適用於動圈式麥克風,需要搭配錄音介面才能轉到桌上型電腦,或者混音器裡。

② USB 轉接頭:適用於 USB 麥克風,可連接筆記型電腦操作。

③ TRS:一般使用在立體裝置,可用來傳遞音訊訊號的連接器,如喇叭、耳機等。

新手居家錄音建議添購設備

　　錄音器材都屬於精密儀器，所以建議須妥善小心的拆裝，連接的線材也要照順序捲好，不然非常容易造成器材折損；以及若是雙人錄音建議兩隻麥克風都用一樣的品牌，聲音較不會不協調，以下為建議添購設備。

錄製人數	設備預算	設備建議
單人	一萬以內。	電腦、一支動圈式麥克風、一個監聽耳機。
雙人	三～四萬。	電腦、兩隻動圈式麥克風、1~2 個監聽耳機、錄音介面。

錄音環境相關

　　如果想租借錄音室，除了搜尋網路上的資源，也可參考 Firstory（P.183）、SoundOn（P.219）在網站上提供的合作廠商，他們會提供合作價讓用戶參考；但若沒多餘的成本，則可在家自行 DIY 錄音環境，以下為在家錄音的注意事項及現場環境的改善方法。

① 運用布降低環境音

　　每個空間都會有風聲、回音等環境音，所以可藉由躲進棉被裡錄音，或是在錄音範圍裡放衣服、毛毯、枕頭等能吸音的柔軟布料，降低環境音。

② 不要離窗戶太近

　　容易接收到外面車聲、風聲等環境噪音。

③ 遠離會產生聲音的電器

　　因為冷氣、電風扇這些電器運轉的聲音，容易讓人產生聽覺疲勞。

④ 麥克風的擺放位置

　　若是擺放位置須低下頭才能說話，則要提高麥克風的位置，而若角度不舒服，或是使用不適合自己的說話方式，就易因壓迫到聲帶，導致聲音沙啞、甚至無法順利出聲。

Section. 02

設定主題及確定節目走向

STEP **01** 主題發想

在決定要創建節目時，要如何確定節目的主題？首先建議從自己熟悉領域切入，包含興趣、職業，或是日常生活等，應用這些隨手可得的資源，除了能維持原有的熱忱外，也能減少查找資料的時間，並快速架構節目主題。

主題發想方向	舉例	分析
興趣	看小説、追星、看球賽、打手遊、運動、吃美食等。	優點：比較有動力製作節目。 缺點：會有自己的盲點，聽眾可能不會覺得有趣。 改善：以多方角度敍述事情，讓聽眾也能感受到這個主題的魅力。
技能、才藝	唱歌、畫畫、料理、烘焙、手作、跳舞等。	優點：能較快速架構節目主題。 缺點：若沒深入研究可能會沒有主題。 改善：深入研究該項技能、才藝。
職業	律師、編輯、心理醫生、餐飲業老闆等。	優點：吸引對這個職業有興趣的人來收聽。 缺點：會有專業者的盲點，若用字遣詞太過艱澀，聽眾可能會聽不懂。 改善：將專業用語比喻成淺顯易懂的句子。
日常生活	人生奇遇、與朋友或家人聊天、自己發生的趣事等。	優點：取材較方便，也能以第一人稱描述事情的細節，增加趣味性。 缺點：自己的分享、體悟可能無法與聽眾產生共鳴。 改善：須注意敍事時主觀意識的比例，也要保持中立的態度，進而讓未經歷過的聽眾也能感興趣。

STEP **02** 選擇主題及設定內容走向

當確認主題發想方向後，可再針對特定主題分析，讓自己在後續製作節目時，不會迷失方向，以下為舉例。

主題發想方向	舉例	寫下你的答案
興趣	主題選擇：分享各種書籍的讀後心得。 內容走向： ① 讓聽眾了解書籍裡的世界觀。 ② 分析人物性格、角色設定，以及帶給自己的感覺。 ③ 最後分享這本書要傳達的核心價值觀。	主題選擇： 內容走向：
技能、才藝	主題選擇：分享製作料理的方法，及料理背後的故事。 內容走向： ① 用敍述的方式，向聽眾傳達料理的製作方法。 ② 可用料理背後的故事，帶領聽眾產生共鳴。	主題選擇： 內容走向：
職業	主題選擇：心理學相關的知識，以及從與個案的互動中學習到的事情。 內容走向： ① 讓聽眾初步了解心理學。 ② 說明自己為什麼對心理學有興趣。 ③ 最後以自己的經驗說明如何陪伴這些患者。	主題選擇： 內容走向：

日常生活	主題選擇：從交談中帶給自己的啟發。 內容走向： ① 讓聽眾知道交談的過程。 ② 深入說明人與人之間的羈絆與生命無常。 ③ 最後傳達珍惜身邊人的重要性。	主題選擇： 內容走向：

Section. 03
節目名稱及單集標題命名方法

要讓聽眾認識並記住一個全新的節目，除了一定要有些記憶點外，也要發揮創意、善用關鍵字、節目標題須與節目內容有關等原則，讓不熟悉自己的聽眾，能對自己的節目產生印象，並成為忠實聽眾。

Cloumn 01
節目名稱的命名技巧

① 前四個字是重點

把品牌名稱設定在前四個字，後面再接節目的短描述，讓聽眾能從標題中直接認識你的品牌，以及看懂節目核心，並清楚節目要傳達的理念，進而讓對該主題有興趣的聽眾選擇收聽節目。

② 運用搜尋引擎查找

可運用搜尋引擎查找和主題相關的關鍵字，除了可以增加命名的靈感外，也能藉此知道自己的命名是否與他人重複，以免聽眾在搜尋時，無法立即找到自己的節目。

③ 發揮創意

吸睛的標題會讓人產生點擊的興趣，運用名字的諧音或相近字等方式，除了能吸引聽眾注意外，也能提高節目的辨識度。

④ 淺顯易懂的字眼

當聽眾在搜尋節目時，若使用較平易近人的字詞，除了能提高自己的 SEO（搜尋引擎最佳化）外，聽眾也能更好記憶，所以標題名稱不能太複雜、也不要出現生僻字，以免聽眾無法輕易搜尋到你的節目。

⑤ 勿放過多的關鍵字

若為了提高 SEO 而放進過多關鍵字，Podcast 平台可能不會讓節目審核通過，甚至有可能會被下架節目。

⑥ 標題上不用出現「Podcast」

因為節目本身就是 Podcast，所以標題後面不用加入「Podcast」，否則當聽眾在搜尋節目時，卻跑出其他創作者的 Podcast，反而會讓聽眾更難搜尋到你的節目，例如：說孤事 Podcast。

⑦ 建議 10 到 12 個全形字

雖然 Podcast 沒有明確的字數限制，但在 Podcast App 上，節目標題若太冗長，反而會被系統隱藏起來，使聽眾無法看到完整的標題，所以建議不超過 12 個全形字。

Cloumn 02

單集標題的命名技巧

節目列表中的單集在標題設定上，雖然沒有字數上的限制，但一般最長的字數大約落在 30 ～ 40 字，且須精準指出單集的重點。

① 在標題前加上編號

在單集標題前加上編號，除了能清楚每集排序外，也能讓聽眾依據集數收

聽，讓他們能輕鬆的選擇或搜尋到自己要聽的集數。例如：ep.1 從小時候就看得到另一個世界的模樣，是什麼樣的感覺？是我瘋了還是這個世界瘋了？

② 強化 SEO

因為沒有字數上的限制，所以能加入單集內容的關鍵字，讓潛在用戶在搜尋關鍵字時，也能找到你的節目，例如：陰陽眼？還是一切都是幻聽幻想？

③ 濃縮重點

將本集內容的重點濃縮成一句話，讓聽眾透過單集標題，就能知道本集內容是什麼，例如：從小就看得到，這是什麼體驗或感覺？

Section. 04
了解主持模式

單人主持須注意的要點

一個人主持節目雖然較自由，但也更考驗主持功力、口條流暢度，以及克服自言自語的尷尬等，若要保持節目的流暢度，可在節目開始前，多讀幾遍腳本，除了讓自己更清楚節目的流程外，也能更好的掌控節目快慢的節奏而不冷場。

① 腳本多讀幾次

在讀熟腳本的同時，也是在腦中建構整體的結構，若擔心錄音時不順，可藉由實際口述給親朋好友聽，請他們提供意見，讓自己在錄製音頻時，能更自然且完整、流暢地說出要分享的事情。

② 掌握節目節奏

單人主持易因講述過於冗長、口語，而讓聽眾失去耐心，所以若不確定目前設定腳本的節奏，Podcaster 可設定鬧鐘掌握時間外，也可先錄製一遍，讓自己更清楚整體的節奏、語調等，藉此讓最後產出的音頻，能以最好的狀態上架。

雙人主持須注意的要點

　　主持人間須討論主題、協調錄製的時間，以及剪輯內容等細節外，也須培養一定的默契，才能在節目中互補，製造出最佳的效果及節奏。

① 培養彼此的默契

　　錄製音頻時，雙方需要有一定的默契，以免發生互等、搶話等情形，所以建議在錄音前與搭檔順稿、對流程，讓實際錄製時能更順利。

② 彼此的角色定位

　　可依雙方個性決定主持模式為一搭一唱，還是一人主說、一人以說笑或吐槽的方式作為襯托，若雙方產出的效果有趣，聽眾就更願意選擇持續收聽。

Section. 05
規劃腳本或訪綱

　　無論主持模式為單人或雙人，都建議列出腳本或訪綱，除了讓自己更清楚節目流程外，也能有效提醒本次錄製的內容，以免發生漏字句、或出現前後內容邏輯不符的狀況。

撰寫腳本的兩種方式

　　可藉由觀察 Podcast 平台上其他人的節目架構，釐清腳本須具備的元素，讓自己的腳本更加完整，而一般腳本分為列出須講內容或安排關鍵字兩種呈現方式，以下分別說明。

Method 01 ｜ 列出須講內容

　　將節目整體流程全數列出，並寫出逐字講稿，讓主持人可以更清楚流程，以及要講的內容。

◈ **優點**：因為將節目的細節全數列出，所以在錄製時能更順利進行，能有效降低 NG 次數，並穩定主持節奏。

◆ **缺點**：有可能因照稿念，沒有語調上的起伏，而使聽眾感到死板、無趣，沒有繼續聽下去的心情。

◆ **解決方案**：開錄前多讀幾遍稿子，藉此熟悉整體錄製的流程，降低照稿念的頻率，或是在稿子上標註哪邊須情緒轉折、語調起伏等，讓節目聽起來自然、生動。

◆ **範例**

單人主持	△開場 A：你正在收聽的是「說孤事」，我是 Ching，今天要和你們分享關於不同次元的故事。
	△進入主題前 A：那時候我正準備回家，卻突然遇到一個女飄……外表看似學生，內在是過於常人的名偵探飄南（將語調上揚）！
	△中場休息前 A：不知道這個故事帶給大家什麼感覺呢？我自己覺得很唏噓，也有些感慨原來我已經很幸福了……那目前先告一段落，下半段還有更精采的故事等著你們喔！
	△中場休息後 A：歡迎大家回來繼續收聽說孤事，剛才我們講了一個女飄的故事，這次我們就講一個男飄吧。
	△結尾 A：大家覺得哪篇故事最打動你們？歡迎在底下留言給我，或是在 FB、IG 與我討論（語調上揚，帶點俏皮的感覺），今天謝謝大家的陪伴，下週預計要講一個小孩子的事情，敬～請～期～待～（最後四個字要拉長音，帶點陰森的感覺）。
雙人主持	△開場 A：你正在收聽的是「說孤事」，我是 Ching，今天要和你們分享關於不同次元的故事。 B：我是 Nancy。 A、B：歡迎收聽異次元的故事。

△進入主題前

A：今天說的故事好像會有一點哀傷（語氣低落）。

B：哦？為什麼這樣說？

A：因為這是一個外表看似學生……（聲音繼續低沉）。

B：智慧卻過於常人的名偵探飄南（聲音高亢）？

A：不！是內在過於常人的女飄！

△中場休息前

B：噢……這個故事有點沉重。

A：這個我在節目開始前有先預告過了。

B：但沒想到會這麼難過。

A：我們就先休息一下吧，也讓聽眾消化情緒，下半段的故事會更精采喔！

B：什麼？更慘烈嗎？

A：這就要賣個關子囉！

△中場休息後

A：歡迎大家回來繼續收聽「說孤事」（鼓掌）！

B：大家整理好情緒了嗎？我是還來不及整理好，就被某個無情的人繼續拖著往前走（語氣哀怨）。

△結尾

A：今天的故事你們喜歡哪一篇呢？

B：歡迎在底下留言給我們，或是到 **FB**、**IG** 與我們分享你們的感想。

A：下週預計要講一個小孩子的事情，有、一、點……恐怖。

B：……我下週突然想到有事情不能來了！

A：不行！你們都要來！不能只有我一個人害怕。

B：好吧……那我們下週見（語氣漸漸低落）。

A、B：拜拜——

Method 02 ｜ 安排關鍵字

在錄製時，能在重點處提醒主持人，讓他們知道大概要講什麼，較不會因此局限在腳本中。

◈ **優點**：運用腳本中的關鍵字提醒自己每個階段要講什麼，所以較不會因腳本上的字句，而無法自由發揮。

◈ **缺點**：雖然忘詞、偏離主題等 NG 情況可以後製剪輯，但若是選擇雙人主持，在前期有可能遇到無法應對的突發狀況，若讓聽眾感到無趣，就會選擇關閉節目。

◈ **解決方案**：可運用關鍵字，並先在心中多想幾次流程，讓自己能臨危不亂，若有偏離主題、卡詞等狀況，建議再講一次，才能使後續剪接更順利。

◈ **範例**

單人主持

> △開場
>
> 先說節目名稱、自我介紹，再說要分享的內容。

> △進入主題前
>
> 這裡要鋪陳飄南的笑點，模仿名偵探柯南的上揚語調。

> △中場休息前
>
> 唏噓的感想，預告下半段的故事。

> △中場休息後
>
> 換講男飄的故事。

> △結尾
>
> 喜歡女飄或男飄的故事？
>
> 可到 FB、IG 交流感想。
>
> 要用很陰森的語氣預告下週的內容。

雙人主持

> △開場
>
> A：節目名稱、自我介紹、分享不同次元的故事。
>
> B：我是 Nancy。
>
> A、B：歡迎收聽異次元的故事。

> △進入主題前
>
> A：故事有點哀傷。　　　B：智慧卻過於常人的名偵探飄南？
>
> B：為什麼？　　　　　　A：主角是女飄。
>
> A：外表看似學生……。

△中場休息前

B：說感想。

A：讓大家進入休息時間，預告下半段的內容。

△中場休息後

A：用鼓掌方式結束休息時間。

B：繼續說感想。

△結尾

A：詢問聽眾的喜好。

B：宣傳社群平台。

A：預告下週的故事有點恐怖。

B：表現出害怕。

A、B：拜拜——

設計訪綱的要領

為了預防自己無法即時反應、想不出問題，或是無法掌握好訪談節奏，都建議主持人在進行訪談前先列出訪綱，並提供給來賓，請他們先準備這些問題。

而在問題的設定上，須避免封閉式問題，以免讓來賓回答過於簡短，也無法深入討論及訪談，而使訪談的結果過於無趣，聽眾沒有耐心聽完。以下以訪問靈異體質的人為例，及 NG 問法的範例說明。

◈ 訪綱範例

開場	✕ 今天要來分享靈異事件。（沒有先介紹來賓，易被認為不尊重來賓。） ○ 今天很榮幸邀請到 XX 節目的 XXX 來分享發生在他身上奇妙的經驗。
介紹	✕ 從你的節目感覺到你好像不想有這個體質？（開場前不要把題目丟給來賓，要向聽眾簡單介紹來賓的特質。） ○ 從你的節目就能聽出來你對飄是又怕又好奇的。

內容	✕ 你是不是從小就很害怕這種東西？(只給來賓選擇是或不是，為封閉式問題。)
	○ 想請問這是從小就看得到嗎？你當時看到的感覺是什麼？
	✕ 你一開始就相信有飄嗎？(是非題，為封閉式問題。)
	○ 在你還沒有陰陽眼之前，你相信這個世界上有其他異次元的存在嗎？
	✕ 那你有遇到比較恐怖的事情嗎？(不能加入個人意識去問，不一定有關飄的事情，就一定是恐怖的經驗，而且這樣也容易引導受訪者往恐怖面向去說，反而會局限其他的可能性，例如感動、搞笑面向等。)
	○ 在你遇到的靈異事情裡，可以向我們分享印象深刻的部分嗎？
中場休息前	✕ 好的！那我們就先進入休息時間。(不能打斷來賓的分享，若時間快到了，應更有技巧地接話，並做一個小總結。)
	○ 很感謝 XXX 的分享，下半段我們再繼續聆聽靈異體質這件事帶給他什麼樣的影響。
中場休息結束	✕ 回來囉，現在就繼續分享下一個故事吧。(必須先觀察或詢問受訪者的狀態是否已經準備好了。)
	○ 好的，請問 XXX 準備好跟我們說下一段故事了嗎？
內容	✕ 你有想過陰陽眼會帶給你什麼困擾嗎？(為是非題。)
	○ 你覺得擁有陰陽眼對你來說是幫助還是阻礙？為什麼會這樣認為？
結尾	✕ 好的，謝謝 XXX 的分享，下次再請你分享更多奇妙的事情。(結尾前須顧及到來賓，因此我們作為主持人，須主動替來賓宣傳。)
	○ 最後感謝 XXX 的分享，目前他也有經營自己的 Podcast，歡迎有興趣的聽眾可以去收聽。

Section. 06

錄製前的基本說明

在錄製節目前，可藉由訓練自己的口語表達能力，增加節目的流暢度外，也可運用掌控節目時間的長度、界定目標聽眾等，讓節目能以完整的方式呈現並上架。

掌握目標聽眾的屬性

在錄製節目前，須先掌握目標聽眾的喜好，並依照喜好切入節目主題，所以目標聽眾的輪廓須繪製得更明確，包含性別、年齡、職業、個性等，當能全數掌握，就能做出更符合他們需求的音頻。

除了推測目標聽眾外，也能採用問卷調查的方式，藉由問卷結果，讓 Podcaster 更清楚知道自己的節目受眾是誰，以下為調查目標聽眾的範例。

性別	女性。
年齡層	30 歲左右。
職業	行銷企畫人員。
話題性	尋找 30 歲女性感興趣的話題，可以從行銷面做切入點。
上架時間	選擇晚上九點，讓聽眾下班後就能聽到首播。

訓練口語表達的方式

節目錄製初期若不習慣面對麥克風說話，可能會使四肢不自覺僵硬，進而影響到說話的語氣等狀況發生，以下列出四種方式供大家練習，並藉此訓練個人的口語表達。

① 朗讀文章

練習朗讀一篇 300 字左右的文章，並以跟聽眾說話的方式敘說或朗誦，藉此練習語調的起伏，以及適時的停頓等。

② 模仿其他主持人的說話方式

透過觀察其他主持人的語速、語氣等表達方式，讓自己藉由模仿，更快速地調整自己原先的說話方式。

③ 拿水瓶充當麥克風

　　可使用水瓶等物體，讓自己先習慣之後要面對機器說話的情境，讓身體不會因為緊張而僵硬，導致表達不順暢。

④ 減少贅詞

　　人在緊張時，會不自覺多了贅詞、語助詞等，這時可以把說話速度放慢一點，並藉由拉長尾音，讓自己有時間思考該如何補救及接話。

控管時間長度

　　一般節目的長度為二十分鐘到一小時不等，主要視目標聽眾的聆聽習慣決定，所以 Podcaster 可在節目上架後，觀察後台數據，或直接在個人專頁上看聽眾對節目長度的反應，藉此調整未來的節目時長。

開始錄製節目後，須掌握開場、進行中、結束，這三個階段的節奏，開場的節奏須輕快些；進行中的節奏可以安排起承轉合；結束前的節奏可以稍微放慢一點，讓聽眾有時間消化整集的內容。

Section. 01
開錄前應避免的狀況

`Clournn 01`

錄音前的注意事項

① **戴上監聽耳機**

戴上監聽耳機後，須測試並聆聽環境裡有無聲音干擾。

② **注意聲音是否失真**

在設定麥克風時，建議麥克風音量表在 -6 dB 到 -12 dB 間，以免造成聲音失真，或背景有噪音。若無法判別，也可先試錄一段後，依據實際狀況做調整。

③ 開錄前可先潤嗓

多喝溫開水，減少食用甜食、牛奶、炸物等會生痰的食物，以免讓說話的聲音變得含糊。

④ 注意配樂版權

須使用無版權的配樂，或者付費使用版權配樂。【註：請參考商用音樂載點介紹 P.23。】

⑤ 器材設備

為了預防設備出問題，Podcaster 可以開另一個錄音軟體備份錄音內容，如果是麥克風突然出問題，也能使用手機錄音 App 應急。【註：請參考 3-2 手機版錄製軟體教學 P.103。】

Tips： 開錄前的小訣竅

在開錄前可以安靜五到十秒，除了讓後製較好剪輯外，以免同時按錄音，又同時講話，導致因時間差，而沒錄到完整的句子。

Cloumn 02

演練兩種突發狀況

① 出現卡詞、口誤等狀況

如果失誤過多，就算靠後製剪輯，也會讓聽眾覺得不順暢，進而關閉節目，因此該狀況通常會錄一段完整的句子，但若是主持人能運用口誤、口吃等狀況，製造出好笑、幽默的氛圍，就能帶給聽眾不一樣的感受，但這相對考驗主持人的臨場反應能力，以下舉例說明。

以幽默化解口誤的狀況	A：「大家好『荒』迎來『搜』聽……我剛才不小心台灣國語了，一定是我太期待你們的收聽了哈哈哈。」

② 來賓脫稿演出

如果主持人只依據訪綱訪談，有時會被局限住，所以有時跟著來賓的節奏往下走，可能會有意料之外的效果；但如果來賓太過失控，我們就要想辦

法控制場面，例如順著來賓的話，並找空隙接上原先的主題，或者說出時間有限，請他下次再分享，以下舉例說明。

來賓脫稿演出	來賓：「──說到這裡我就想到當時出去玩真的太好笑了！我們唱歌唱到大家都傻眼哈哈哈哈，我們根本不知道那裡有人。」
情境一 順著來賓的話	主持人：「哈哈哈真的很有趣，不知道你之後在工作上還有遇到其他有趣的事情嗎？」
情境二 說出時間有限	主持人：「哈哈哈真的很有趣，好可惜，因為我們時間有限沒辦法再往下聽更有趣的，下次可以邀請你繼續講後續嗎？」

Section. 02

階段一：簡短的開場白介紹

開場白建議三十秒到一分鐘，並在簡介本集內容後，可搭配一段固定配樂做為節目即將開始的設定。

① 單人主持情境模擬

開場白只須做簡單的節目介紹，也可以在此進行廣告口播。

> 主持人 A：「本集節目由 XXX 冠名贊助，大家好我是 XXX，今天的 XXX（節目名稱）要講的主題是⋯⋯。」

② 雙人主持情境模擬

這種主持模式較考驗彼此間的默契，須掌握好說話的時機點，以免互相搶話，導致聲音重疊。

> 主持人 A：「本集節目由 XXX 冠名贊助，大家好我是 XXX。」
> 主持人 B：「大家好我是 XXX。」
> 主持人 A、B：「我們是 XXX（節目名稱）今天要講的主題是⋯⋯。」

階段二：暖場的主持技巧

　　開場白結束後，主持人可運用疑問句帶領聽眾跟著思考，再將話題引導至本集的主題，讓聽眾對後面的話題更感興趣。

① 單人主持情境模擬

　　可以從疑問句開頭，藉此切入主題。

> 主持人 A：「不知道大家之前有沒有過……，我突然想到有段時間……。」

② 雙人主持情境模擬

　　主持人 B 為陪襯，以不同的看法表達同件事情。

> 主持人 A：「最近遇到一件事情想跟大家分享，不知道大家有沒有過……。」
> 主持人 B：「這種感覺我也有，那時候就是……。」

Section. 04

階段三：鋪陳節目的笑點

　　可在腳本中穿插笑點，除了能讓整體節奏不會太平淡外，也能降低聽眾的聽覺疲勞，讓他們順勢緩衝、休息，也讓聽眾能持續收聽後續內容。

① 單人主持情境模擬

　　須與上一句話銜接好，若笑點來得太突兀，反而容易冷場。

> 主持人 A：「最近總覺得身體狀況跟之前不太一樣……。」
> 主持人 A：「雖然我知道長大後有許多事情要面對，但我真的不想面對『心、寬、體、胖』這四個字。」

② **雙人主持情境模擬**

　　透過一搭一唱、吐槽等方式製造笑點，但須注意要拿捏好開玩笑的尺度，以免讓另一位主持人覺得不舒服。

> 主持人 A：「你有感覺到你的身體產生變化嗎？」
> 主持人 B：「你是想說我老嗎？」
> 主持人 A：「不是，我在想你是不是變寬了……我是說你的心胸。」

Section. 05

階段四：設定中場休息的時間

　　建議節目在進行二十分鐘後就要安排中場休息，可運用版權音樂、廣告等方式串場，讓聽眾能順勢休息，而在休息時間結束後，可簡單統整上半段內容，以銜接下半段的開始。

① **單人主持情境模擬**

　　在錄製時，可透過腳本的設定控管時間，但仍須注意時間長度（可透過鬧鐘或小幫手提醒），以免超過二十分鐘，容易造成後續剪輯時，會較難切分。當休息結束後，可以簡單帶到上半段講的內容。

休息 時間	主持人 A：「好的，不知不覺已經講了這麼久，現在稍微休息下，下半段再繼續收聽 XXX。」
休息 結束	主持人 A：「在上半段我們已經講了……，那現在我們要開始來講……。」

② **雙人主持情境模擬**

　　透過主持人 A 講出時間，讓聽眾驚覺已經過這麼久，也會想跟著休息片刻。

休息 時間	主持人 A：「哇我們居然已經講了這麼久。」 主持人 B：「太好講了哈哈哈，現在就進入休息時間吧。」

| 休息結束 | 主持人 A：「在上半段我們已經講了……。」
主持人 B：「對，講了好多事情。」
主持人 A：「接下來我們就來聊聊……。」 |

Section. 06

階段五：節目結束前須包含的重點

在節目結束前，可以幫聽眾總結本集重點，並請聽眾回饋意見以增加雙方的互動，也可預告下集節目的主題及時間，最後感謝聽眾的聆聽；若有廣告商贊助，也可再說一次廣告詞。

① 單人主持情境模擬

須幫聽眾總結本集重點、請聽眾回饋意見、預告下集主題及時間，最後感謝聽眾聆聽，也能再進行一次廣告口播。

> 主持人 A：「本集差不多要告一段落了，在節目結束前統整下今天的重點……，而下次主題是……預計是下禮拜同一時間上架，感謝你們的收聽，也感謝 XXX 冠名贊助。」

② 雙人主持情境模擬

透過主持人 B 為下集預告做一個懸念，讓聽眾好奇下次主題是什麼，就會在同一時間準時收聽。

> 主持人 A：「不知不覺節目要到尾聲了。」
> 主持人 B：「對、還有點意猶未盡哈哈哈。」
> 主持人 A：「今天講了……不知道大家有沒有其他想法呢？歡迎你們留言給我們，或者到我們的節目資訊欄，前往部落格跟我們分享意見。」
> 主持人 B：「下次的主題會不會繼續延伸下去呢？就請你們同一時間繼續收聽囉。」
> 主持人 A：「在這裡感謝 XXX 冠名贊助播出。」
> 主持人 A、B：「也謝謝你們收聽，拜拜。」

ARTICLE
04

後話：長期經營你的 Podcast 心法

Afterword: Long-Term Operation Of Podcast

4 KEYS TO BUILDING A PODCAST

40:05   -05:40

15 ◄◄ ▶ ►► 15

　　為了能長期經營 Podcast，並帶來後續收益，主持人可以運用問卷調查，或經營部落格及社群平台等方式，在聽取聽眾建議後，進行實質改善，以累積忠實聽眾。

Section. 01
打造個人品牌

　　當個人 Podcast 建立完成後，可透過經營個人品牌，展現出個人特色及定位，並讓聽眾理解節目的核心價值，藉此提升聽眾的黏著度，並累積忠實聽眾。

前期塑造品牌形象的要點

要點	說明	寫下你的答案 (可隨時調整)	舉例說明
須做好 心理準備	寫下塑造品牌時會遇到的問題,以及阻礙,並列出相對應的解決方案,讓自己可以持續經營品牌。	問題及阻礙 ① _____ ② _____ ③ _____ 解決方案 ① _____ ② _____ ③ _____	問題及阻礙 ① 不了解節目特色。 ② 不清楚劃分目標聽眾的方法。 ③ 被聽眾批評。 解決方案 ① 為節目做 SWOT 分析,藉此觀察自己和他人節目的差異,並找到個人特色。 ② 可以從哪些聽眾對我們的節目有興趣?我們傳遞的核心價值能帶給他們什麼?再藉此分析他們的需求與行為模式。 ③ 將批評轉換成對節目的建議,讓自己不再被負面評論影響情緒。
打造 個人形象	須了解節目特色,才能為品牌建立定位。	節目定位: _____ _____ _____	節目定位 說孤魂野鬼的故事。
傳遞 核心價值	想藉由節目讓聽眾獲得的價值觀或信念。	你想傳遞的核心價值或信念?	因為人的恐懼,大多數來自於對這件事物的未知,所以藉由說孤魂野鬼的故事,讓聽眾了解有關未知世界的事情。

要點	說明	寫下你的答案 (可隨時調整)	舉例說明
節目名稱 及 單集標題	在命定節目的名稱時，不僅要吸睛，還須傳達出品牌的價值，另外，單集標題須以更詳細的描述方式，讓聽眾能一眼看出本集要講述的內容。	節目名稱： 單集標題：	節目名稱 說孤事。 單集標題 從小時候就看得到另一個世界的模樣，是我瘋了？還是這個世界瘋了？
設計封面	封面代表個人品牌的 logo，也是吸引聽眾點擊收聽的關鍵，所以配色上須先思考要以何種色調為主，而封面上的文字須包含創作者的名字、節目名稱、節目簡介。	配色： 文字內容：	 配色 暖色調，讓聽眾不會因題材而感到害怕，並想營造出輕鬆說故事，帶給人溫暖的節目風格。 文字內容 說孤魂野鬼的故事。

要點	說明	寫下你的答案 （可隨時調整）	舉例說明
了解目標 聽眾	藉由描繪出目標聽眾的輪廓，進而判斷節目的上架時間及講述題材。	聽眾族群 1： 上架時間： 聽眾族群 2： 上架時間：	① 學生族群 　上架時間：每周一三五的下午六點，選擇大多數學生放學的時間。 　題材：以校園題材的驚悚故事為主題。 ② 上班族群 　上架時間：每週二四六的晚上八點，選擇大多數上班族下班通勤的時間。 　題材：以公司環境或是風水為主題。
增加 曝光度	透過建立社群媒體及部落格平台，讓大家看見自己的品牌，也能藉此宣傳節目，但初期建議以兩個平台為主，先適應經營平台的頻率，以及學習如何撰寫文案，以達到吸引目標聽眾的目的。	選擇你要經營的社群平台。 ☐ Facebook ☐ Instagram ☐ Twitter ☐ Pinterest ☐ LinkedIn ☐ 部落格平台 ☐ Email 行銷 ☐ 其他：	目前聽眾族群大多數以使用 Instagram 為主，所以預計先建立 Instagram，並同步更新部落格平台。【註：請參考與目標聽眾建立連結 P.68。】

中期提升品牌價值的要點

要點	說明	寫下你的答案 （可隨時調整）	舉例說明
現有 資源	分析自己內部擁有哪些資源及優勢。	擁有的資源： 本身的優勢：	**擁有的資源** 手機、有錄音的地方。 **本身的優勢** 寫作能力、溝通能力。
分階段 補齊	在經營品牌中，須檢視自己缺少哪些資源，以及本身的劣勢，而這些資源與劣勢應在什麼階段逐步補齊。	現階段應補齊的資源： 現階段應補強的劣勢： 後期應補齊的資源： 後期應補強的劣勢：	**現階段應補齊的資源** 麥克風、麥克風防噴網。 **現階段應補強的劣勢** 學習剪輯音頻的技巧。 **後期應補齊的資源** 多學習相關主題的知識。 **後期應補強的劣勢** 時間管理。
不斷 學習	須透過補充新知，才能創造出含金量更高的內容。	你想學習些什麼：	在敘述完孤魂野鬼的故事後，我可以從中探討關於心理學的問題。

要點	說明	寫下你的答案 (可隨時調整)	舉例說明
建立 人脈	藉由與各種不同類型的 Podcaster 交流，除了能擴展人際圈外，也能替未來平台與平台間的合作鋪路，讓自己的節目增加不同火花，並讓聽眾有耳目一新的感覺。	你想透過什麼方式建立人脈：	我會參加 Podcast 相關的社群平台，藉由線下的聚會認識各式的創作者，未來就有管道能聯繫他們。 【註：請參考舉辦 Podcast 線下聚會 P.68。】
平台 合作	與 Youtube、廣播等與節目主題相關的平台合作，藉此增加品牌的曝光率，也能讓潛在聽眾透過不同管道認識你。	你想與哪些平台合作：	可以與廣播平台合作，並邀請他們當節目的來賓，也可以與出版社合作，錄製出版品的有聲版本。
強化 SEO	透過貼在部落格、社群平台文章的內外部連結，並善用 hashtag，藉此增加曝光率。	你會用什麼方法強化 SEO：	我會將部落格文章中的內部連結、各個 Podcast 的收聽連結、相關文章的網址、放一起。

後期品牌行銷的要點

要點	說明	寫下你的答案 (可隨時調整)	舉例說明
增強品牌形象	在聽眾對品牌有初步的認識後，須加強他們對品牌的印象，藉此增加對節目的黏著度。	你會用什麼方法強化品牌形象：	透過在社群平台發文，讓聽眾認識另一個面向的自己，同時藉由問卷調查搜集他們對節目的建議。

持續 經營	透過長期經營部落格及 Instagram 等社群平台,除了能大幅增加品牌的曝光率,也能藉此吸引潛在聽眾。	你一週會花幾天經營社群平台或部落格,時段為幾點至幾點:	我每週會花四～五天經營社群平台,以及更新部落格的文章,時間大約落在晚上八點至十點。
培養忠 實聽眾	採用行銷漏斗的方式,由上往下找到目標聽眾,並設計專屬他們的活動。	你會以什麼方式培養忠實聽眾:	可以在線上舉辦忠實聽眾同樂會,或者邀請他們與自己一同直播錄音等。

Section. 02
經營節目的要點

　　想要長期經營 Podcast 節目,並維持一定的創作動力,除了要廣納聽眾、周遭親友的建議外,也要不斷的搜集靈感,以維持固定的更新頻率,除此之外,也要適時的在節目中加入不同元素,才不會讓聽眾感到無趣,而失去持續追蹤的動力。

① 要點一:提高收聽率的方法

　　當節目經營一段時間後,可以試著做出改變,才能留住原有的聽眾,以及吸引潛在聽眾來收聽節目。

⇒ **邀請其他節目的 Podcaster 上節目**:藉由導流雙方的聽眾,以增加收聽人數。

⇒ **發展多元的類型**:以原先的節目設定,加入其他類型作為變化,例如:加入對談等元素,以增加聽眾的新鮮感。

② 要點二:維持節目更新頻率

　　持續更新除了能培養忠實聽眾外,也能增加在 Podcast 平台上的曝光度,所以一般 Podcaster 平均更新頻率為一週一次,但如果現階段無法達成週更,也可以選擇兩週更新一次。

⇒ **培養忠實聽眾**：當你固定更新頻率後，就可以讓聽眾培養在這時間點收聽你的節目的習慣，藉此建立忠實聽眾。

⇒ **增加曝光度**：部分 Podcast 平台的排行榜演算法機制中，更新頻率為其中一個條件，所以固定更新，就有可能出現在排行榜上。

③ 要點三：搜集主題素材的要領

在製作節目時，素材是創作的來源，若找不到主題素材，可能會導致節目品質降低，或因想維持更新，而產出空泛的主題內容，這些狀況都會造成反效果，甚至流失聽眾，為了不讓以上的狀況出現，以下列出搜集主題素材的四種方法。

⇒ **發散式思考**

先將目前想到的所有主題都寫在同一張紙上，再以各主題為中心，列出該主題的細項並反覆詢問自己有無缺漏，再一一列出並做分類，藉此搜集主題及素材。

寫下目前主題。

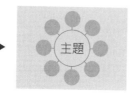
依各主題列細項。

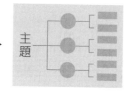
一一條列出來。

⇒ **記錄關鍵字**

不管是走在路上、搭車、滑手機等，身旁都會出現新的資訊，這些都有可能成為製作節目的素材，所以可隨身攜帶筆記本、筆，或用手機備忘錄等方法記錄，讓自己不會因想不到主題，而無法持續更新。

⇒ **搜集資料**

可運用網路查找節目相關的主題、內容等，也可以參考同主題的創作者如何切入相同的話題，藉此來搜集靈感，並在上傳後，透過後台數據，分析聽眾對這個主題的接受度，以調整節目內容或走向。

⇒ 與人交流

當主題靈感枯竭、進入撞牆期時，可以找其他創作者，或可以給你意見的人聊天，藉由當下的交流，可能會因不同角度的想法，而找到製作節目的切入點，讓節目製作可以順利進行。

Section. 03
與目標聽眾建立連結

Podcaster 須與目標聽眾建立共同語言、默契等，才能提升目標聽眾的黏著度。

舉辦 Podcast 線下聚會

除了能跟聽眾面對面談話，建立雙向溝通外，也能讓聽眾有更強烈的歸屬感、認同感。

① **自發性**

若要主動發起線下活動時，可以先做問卷調查，觀察有多少聽眾感興趣，以免當天人數過少，讓場面尷尬。

② **關注其他社團**

可以加入 Facebook 相關的社團，並參加他們不定期舉辦的聚會，藉此認識其他 Podcaster，並與現場聽眾互動交流，讓自己能更接近當下流行的元素，製作出更貼近聽眾的節目。

經營部落格

除了能運用內容行銷，藉此提高 SEO 外，也能讓聽眾藉由不同管道找到自己的頻道，並產生互動，以下為部落格文章的結構範例。

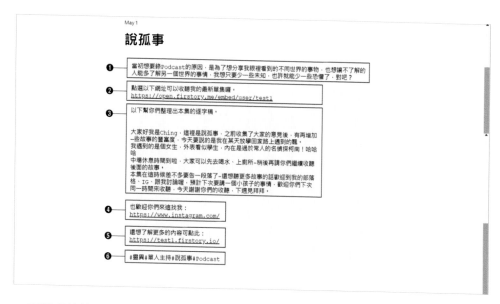

1. 可說明錄節目的起因，藉此讓聽眾更了解節目的核心價值。

2. 可在部落格內嵌入音頻網址，以吸引潛在用戶收聽節目。

3. 整理逐字稿，讓聽眾可以透過文字版再回味一次。【註：步驟請參考 3-3 製作逐字稿的軟體教學 P.117。】

4. 放上社群平台的連結。

5. 放上其他網頁中相關的網址，以增加外部連結，優化 SEO。

6. 放上「#」標籤，藉由關鍵字增加節目的曝光度。

Email 行銷

可在部落格中放上訂閱電子報的表單，藉此搜集名單外，也能掌握目標聽眾資訊，以下為發送電子報的四個要點。

① 確保聽眾回流

如果聽眾被其他節目吸引，我們可運用發送電子報的方式，提醒聽眾本次的更新內容、最新一集講述些什麼等，可二度吸引聽眾來頻道收聽。

② **發布差異化內容**

可以放上節目中沒有的內容，例如更深度的補充知識，或是節目的幕後花絮等，讓聽眾有更接近主持人的感覺，也能提升對節目的黏著度。

③ **提醒追蹤其他社群平台**

與聽眾有越多互動，就越有助益於節目宣傳，所以我們須提醒或告訴聽眾，還能到其他社群平台與自己互動。

④ **推廣產品或課程**

如果有經營個人品牌，也能提及相關資訊，在建立信任關係後，再為聽眾客製化內容，以提升聽眾對產品或課程的忠誠度。

Cloumn 04

經營社群平台

因為 Podcast 沒有統一的平台讓聽眾回饋意見，所以須藉由社群平台達到宣傳、互動的效果，但不一定每個社群平台都要建立，主要以目標聽眾找得到的平台為主，而在經營社群平台時，有幾個要點須掌握。

① **規律經營**

每天在固定時段發文，與聽眾培養高互動率，讓他們成為忠實粉絲，可藉由社群平台的後台，設定發文時間，以免自己因忙碌而忘記發文。

② **具有個人節目風格**

無論是排版、配色、貼文內容等，都要跟節目有關聯，才能建立品牌形象，讓聽眾一眼就看出這是你的節目。

③ **觀看數據分析**

藉由後台的數據，分析聽眾在線上的時間及喜好等，Podcaster 就能做出相對應的調整，例如聽眾大多在晚上八點上線，之後就可鎖定這個時間發布文章，並與聽眾有立即性的互動。

④ 文章內容

　　發文內容要有趣，不要太嚴肅，除了可以結合熱門時事、時下流行語等，讓內容充滿活潑感外，也可加入標籤及適量的哏圖，藉此展現出自己的個人魅力，另外如果有邀請來賓，記得要 Tag 他們，讓雙方粉絲能進一步互動，下表為發文的範例。

結合熱門時事	今天媽祖要我更新節目，所以我來更新了，這次還有神秘嘉賓會來哦。 @ 嘉賓名字
結合時下流行語	今天我為了做節目糾結不已，簡直像極了愛情。

⑤ 善用 #hashtag

　　現在有很多人會以 hashtag 來搜尋主題，所以我們可以觀察哪些關鍵字較多人用，再結合節目內容使用兩個到五個的 hashtag，藉此增加社群平台的曝光度，下表為結合熱門時事，以及時下流行語的範例。

結合熱門時事	今天媽祖要我更新節目，所以我來更新了，這次還有神秘嘉賓會來哦。 @ 神秘嘉賓 # 神秘嘉賓 # 媽祖託夢誰敢不聽 # Podcast # 說孤事（節目名稱）
結合時下流行語	今天我為了做節目糾結不已，簡直像極了愛情。 # 像極了愛情 # Podcast # 說孤事（節目名稱）

⑥ 建立活動

　　可以在 Instagram 等線上平台發起小遊戲，例如向聽眾提問、開放聽眾問問題、建立問卷調查等活動，除了增加趣味性外，也能增加與聽眾的互動率，藉此了解聽眾的想法，並對節目做出更有效的調整。

⇒ 在 Instagram 發起小遊戲的範例

做問答的小遊戲，藉此
聽取聽眾的建議，也能
增加互動率。

做 Podcast 九宮格的小
遊戲，藉由原創遊戲增
加自己的曝光度。

以二選一票選的方式詢
問聽眾意見，並更進一
步了解聽眾的感想。

以倒數計時的方式，提
醒聽眾即將更新單集。

以選擇題的方式詢問與節
目相關的問題，藉此增加
聽眾的參與感。

⇒ 製作問卷調查的 Google 表單

01
至 Google 首頁後，點選「⠿」。

02

點選「表單」，進入 Google 表單的
頁面。

03

點選「+」創建新表單。

04

建立問題表單。

➊ 輸入表單的標題。

➋ 輸入表單的內容。

➌ 輸入問題。

➍ 輸入「女」做為問題的選項。

➎ 輸入「男」做為問題的選項。

➏ 輸入「其他」做為問題的選項。

➐ 點選「○」可再新增其他選項。

05

點選「⊕」可新增下一個問題。

06

點選「▼」，選擇問題類型。

07

點選「核取方塊」。【註：可依個人需求選擇問題類型。】

08

建立核取方塊的問題。

❶ 輸入問題。

❷ 輸入選項。

09

點選「傳送」，進入傳送表單的頁面。

10

點選「複製」，可將表單連結貼上至部落格，或是社群平台上。

以下為問卷調查的問題舉例：

1. 性別
2. 年齡
3. 職業
4. 月收入

5. 每週收聽習慣
6. 最常收聽的時段是
7. 如何接觸到這個節目
8. 喜歡什麼樣的節目類別

9. 處在什麼樣的收聽環境
10. 收聽後你會採取什麼行動

深入剖析節目數據

如果想成為百名榜上的 Podcaster，在節目播出後可藉由觀看後台數據，來分析單集節目的收聽率，藉此改善並優化節目內容。

解析收聽數據

除了藉由觀看後台數據，檢視節目單集的下載量外，也可分析聽眾分布地區，及收聽時段，藉此分析目標聽眾的數據，以優化個人的 Podcast。

Firstory 下載數據分析

SoundOn 下載數據分析

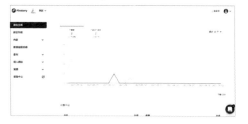
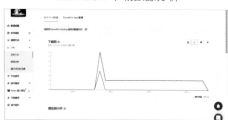

根據以上數據的落點，可觀察到平日的下載數據較高，因此可將單集的上架時間調整至平日，以提升單集的收聽率及下載數。

Firstory 聽眾分布的數據分析

SoundOn 聽眾分布的數據分析

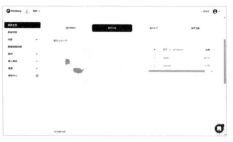

根據以上數據，可看出聽眾大多位於北部，如果也想讓其他區域的聽眾收聽單集，我們應該從中檢視內容，在言語間是否有冒犯到其他區域的人，或是主題走向較不受其他區域的人喜愛，藉此找出問題點，以提升各個區域的聽眾數量。

Firstory 收聽時段的數據分析　　　　SoundOn 收聽時段的數據分析

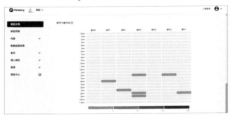 

根據以上數據，可看出 Firstory 的聽眾大多數在晚上收聽；SoundOn 的聽眾大多數在下午收聽，因此可以調整至熱門時段發布單集，以提升單集的收聽率，也能藉此做行動呼籲，讓更多聽眾能到部落格、社群平台與我們互動，以培養忠實聽眾。

解析社群平台數據

透過社群平台的洞察報告，能看出與粉絲的互動率，若互動率偏低，可藉由引起聽眾的迴響、提升共鳴指數等方法，將互動率提高。

♫ 提高互動率的方法

1. 引起聽眾的迴響

讓聽眾以「加1」的方式留言，雖然這類的留言較空泛，但相對簡單，運用此方式可增加社群平台的互動率及曝光度。

Tips：　引導聽眾以「加一」形式留言。

喜歡這次的節目嗎？喜歡的人幫我留言「「+1」，提供我繼續製作節目的動力喔！

2. 提升共鳴指數

以節目內容為基底，在文章最後詢問聽眾有沒有類似的經驗，藉此增加互動率及話題的討論度。

Tips：　增加話題的討論度。

這次的內容大家有沒有過類似的經驗呢？如果有的話，歡迎在底下留言讓我們知道喔。

CHAPTER. 03

錄製及各式
素材運用

RECORDING AND USE OF VARIOUS MATERIALS

電腦版錄製軟體教學

Teaching Of Recording Software On The Computer

RECORDING AND USE OF VARIOUS MATERIALS

0:03   -53:31

3-1-1

Audacity

Audacity 是一款免費的錄音軟體，它能錄製人聲、剪輯、混音等編輯音頻的功能，且能在 Mac、Windows 等作業系統中使用。

Audacity 安裝
頁面 QRcode

3-1-1-1

下載 Audacity

01

進入 Audacity 官方網站。

02

點擊「DOWMLOAD AUDACITY」。

03

進入「WINDOWS」頁面後，系統
會根據電腦作業系統，自動下載不
同版本的 Audacity。

04

頁面顯示 Audacity 完成下載。

安裝教學

01

點選「audacity-win-3.0.2.exe」。

02

跳出執行視窗，點選「執行」。

03

系統預設安裝語言為繁體中文，若想更改，可點選下拉式選單選擇其他語言。

04

點選「確定」。

05

系統顯示進入 Audacity 安裝程式，點選「下一步」。

06

閱讀安裝資訊後，點選「下一步」。

07

系統自動顯示安裝的預設位置，若想更改，可點選「瀏覽」進行更改。

08

確認安裝位置無誤，點選「下一步」。

09

選擇安裝 Audacity 後是否建立桌面捷徑、
重置系統的偏好設定。

❶ 系統預設在桌面建立圖示，若不想建
立，則可取消勾選。

❷ 系統預設不重置偏好設定，若想重置，
則可點選「□」重置。

❸ 點選「下一步」跳至步驟 10。

10

點選「安裝」。

11

系統顯示正在安裝檔案。【註：若點選「取
消」，則須重新安裝。】

12

可選擇安裝完成後是否直接啟動 Audacity。

❶ 系統預設自動啟動 Audacity，若不想
立即打開，則可取消勾選。

❷ 點選「完成」即完成 Audacity 安裝。

錄製介面介紹

因為以錄音教學為主，所以只針對錄製相關功能做説明。

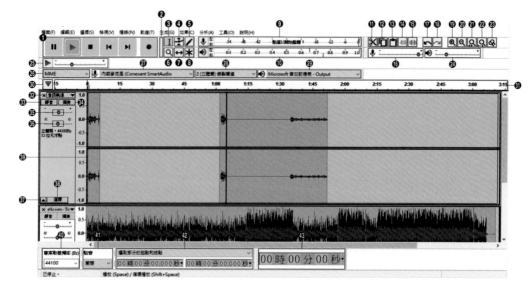

❶ 為錄音的功能按鈕。

❷ 點選「┋」可拖曳工具列至其他位置。

❸ 點選「Ｉ」可選取音軌任一部分。【註：快捷鍵 F1。】

❹ 點選「┻」可上下拖曳編輯點，調整選取區段的音量變化。【註：快捷鍵 F2。步驟請參考 3-1-1-4-1 調整波形音量 P.84。】

❺ 點選「✎」放大聲音波形後，可以編輯節點。【註：快捷鍵 F3。】

❻ 點選「Ｑ」後，若點選左鍵則可放大音軌，點選右鍵則可縮小音軌。【註：快捷鍵 F4。】

❼ 點選「↔」可左右移動音軌。【註：快捷鍵 F5。步驟請參考 3-1-1-4-3 移動音軌 P.87。】

❽ 點選「✳」後可依照滑鼠位置，自動切換為選擇、波封、繪製、縮放、時間位移工具。【註：快捷鍵 F1。】

❾ 在錄音前，可測試麥克風音量。【註：若已到紅色區域，則須降低音量，避免產生爆音等不良狀況。】

❿ 在錄音前，可測試音量品質。

⑪ 點選「✂」可剪下選取的音軌。【註：快捷鍵 Ctrl+X。】

⑫ 點選「🗐」可複製選取的音軌。【註：快捷鍵 Ctrl+V。 步驟請參考 3-1-1-4-4 複製貼上音軌 P.87。】

⑬ 點選「📋」可於任一處貼上音軌。【註：快捷鍵 Ctrl+V。 步驟請參考 3-1-1-4-4 複製貼上音軌 P.87。】

⑭ 點選「⊣⊢」剪下未被選取的音軌區段。【註：快捷鍵 Ctrl+T。】

⑮ 點選「⊪」可關閉已選取的音軌聲音。【註：快捷鍵 Ctrl+L。】

⑯ 點選「🎤———●」往左降低、往右提高錄製音量。

⑰ 點選「↰」回到上一個步驟。【註：快捷鍵 Ctrl+Z。】

⑱ 點選「↱」回到下一個步驟。【註：快捷鍵 Ctrl+Y。】

⑲ 點選「🔍」放大所有音軌。【註：快捷鍵 Ctrl+1。】

⑳ 點選「🔍」縮小所有音軌。【註：快捷鍵 Ctrl+3。】

㉑ 點選「⚲」自動調整音軌的寬度。【註：快捷鍵 Ctrl+E。】

㉒ 點選「⚲」調整回音軌原有的寬度。【註：快捷鍵 Ctrl+F。】

㉓ 點選「⚲」將音軌切換成節點，方便修改細節處。【註：快捷鍵 Shift+Z。】

㉔ 點選「🔊———●——」調整音軌播放的音量。

㉕ 點選「▶|———●——」能以指定速度播放錄音的地方。

㉖ 點選「MME」選擇錄製的音效。

㉗ 點選「內裝麥克風（Conexant Smart Audio）」選擇錄製的輸入裝置。

㉘ 點選「2（立體聲）錄製聲道」選擇錄製單聲道或雙聲道。

㉙ 點選「Mircrosoft 音效對應表－Output」可選擇錄製後的輸出裝置。

㉚ 點選「▼」選擇播放音軌的模式。

㉛ 可拖移「♦」至指定的播放時間點。

㉜ 點選「音軌軌道」以不同模式顯示音軌、編輯軌道。

㉝ 點選「靜音」可將選取的音軌靜音。

㉞ 點選「獨奏」僅選取的音軌有聲音，其他未被選取的則靜音。

㉟ 點選「————●———」可往左、右調整該音軌錄製音頻的音量。

㊱ 點選「————●———」可調整左聲道及右聲道。

㊲ 點選「▲」可收摺音軌。

㊳ 點選「選擇」選取整體音軌。

㊴ 此處可顯示音軌的特寫，可以複製、分割和刪除音軌。【註：步驟請參考 3-1-1-4 錄製教學 P.84。】

㊵ 系統預設為 44100Hz，若想調高數值，可點選「44100」調整取樣頻率。

㊶ 點選「關閉」可選擇音軌的對齊模式。

㊷ 點選「選取部分的起點和終點」，或輸入時間可到指定的播放位置。

㊸ 此處為顯示目前音軌的播放位置。

錄製教學

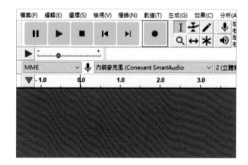

01

點選「●」，開始錄音。

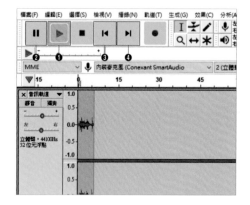

02

以下為聆聽回放的操作說明。

❶ 點擊「▶」，播放音頻。

❷ 點擊「Ⅱ」，暫停播放中的音頻。

❸ 點擊「◀」，移到起點。

❹ 點選「▶Ⅰ」，移到終點。

♫ 3-1-1-4-1 調整波形音量

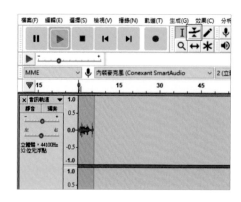

01

點選「𝈁」波封工具，並調整音量。

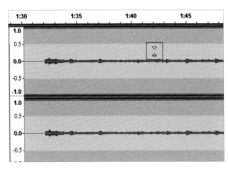

02

將游標移至音軌上，出現「▽」。

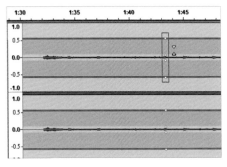

03

點擊要調整的波形，出現四個垂直控制點。

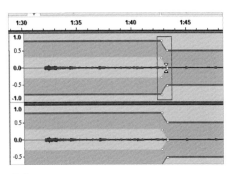

04

滑鼠點擊左鍵，移動控制點，波形愈小，則聲音愈小。

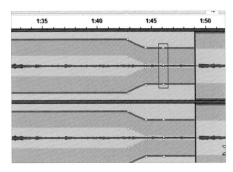

05

點選音軌其他處，加入更多控制點，以製造出不同效果。【註：可用此功能建立淡入淡出的效果。】

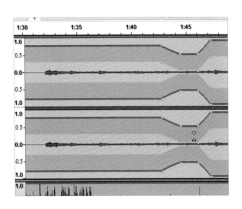

06

完成波形音量調整。

♫ **3-1-1-4-2 分割音軌**

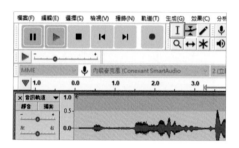

01

點選「 I 」選取工具。

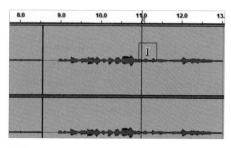

02

游標移至音軌，出現「I」並點出欲切割的位置。

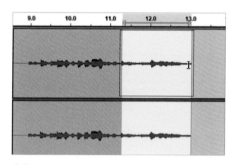

03

將游標按住，往右移動，並選取要分割的音軌。

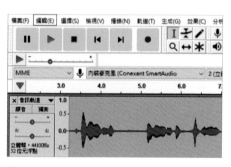

04

點選「編輯」。

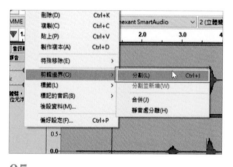

05

將游標移至「剪輯邊界」後，點選「分割」。

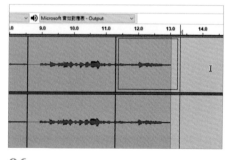

06

完成分割音軌。

♫ 3-1-1-4-3 移動音軌

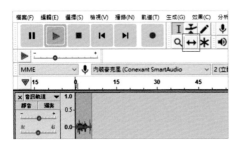

01

點選「↔」時間位移工具。

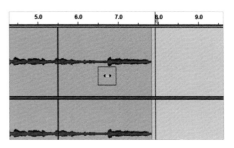

02

將游標移至已分割的音軌上，出現
「↔」。

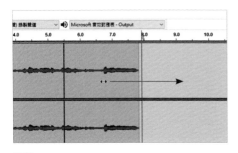

03

將游標按住，往右移動音軌。【註：須
先分割音軌，或原先就已有多個音軌，
才能進行移動。】

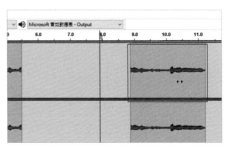

04

移動音軌完成。

♫ 3-1-1-4-4 複製貼上音軌

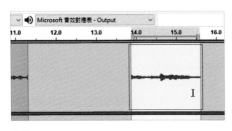

01

選取要複製的音軌。

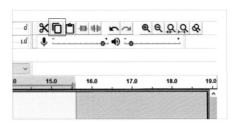

02

點選「⎘」即可複製音軌。

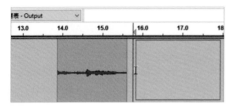

03

點選要貼上的空白區域。

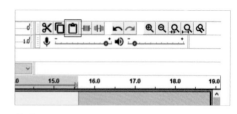

04

點選「📋」。

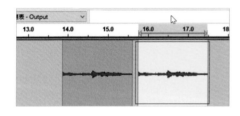

05

完成貼上音軌。

♫ 3-1-1-4-5 淡出效果

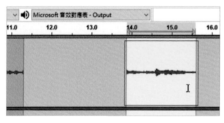

01

選取要複製的音軌。

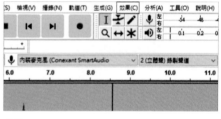

02

點選「效果」。

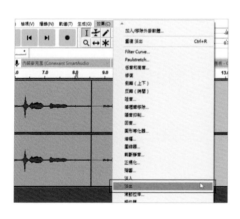

03

點選「淡出」。

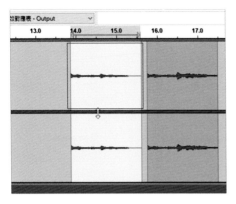

04

完成淡出效果。【註：可播放試聽，確認效果是否如預期。】

輸出音頻

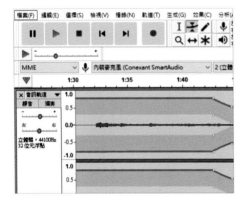

01

點選「檔案」。

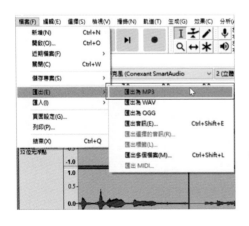

02

游標移至「匯出」，點選「匯出為 MP3」。
【註：可依需求選擇欲匯出格式。】

03

跳出「匯出音訊」視窗。

❶ 點選「∨」選擇儲存位置。

❷ 將「未命名」反白，可更改輸出的音頻名字。

❸ 點選「∨」選擇輸出格式。【註：可視個人需求選擇輸出格式。】

❹ 位元率為 kbps。數值越大，音質越好。

❺ 點選「∨」選擇是否變速音頻。【註：可視個人喜好選擇是否變速。】

❻ 選擇聲道模式。【註：系統預設聯合立體聲的模式，若想選擇其他聲道模式，可自行更換。】

❼ 點選「存檔」。

04

跳出「編輯後設資料標記」視窗。

❶ 填寫輸出 MP3 的標記。【註：可視個人需求選擇是否填寫。】

❷ 選擇音軌內含的類型。

❸ 可將該資料標記儲存為範本，之後可直接載入。

❹ 系統預設匯出音軌不再顯示「編輯後設資料標記」視窗，若想顯示，可點擊「☑」取消勾選。

❺ 點選「確定」即完成音頻輸出。

3-1-2
Zencastr

可透過瀏覽器與人進行語音通話，且能個別錄音，加上有
獨立的音軌，所以能個別輸出音檔，並提供需要的人下載。

進入 Zencastr
首頁 QRcode

3-1-2-1
註冊帳號

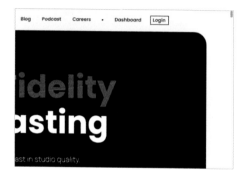

01

進入 Zencastr 網頁，點選「Login」。

02

進入登入頁面，點選「Sign up!」註冊。

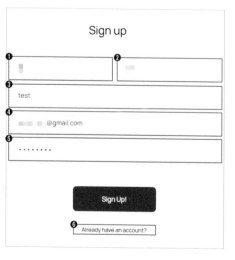

03

輸入註冊帳號的基本資料。

❶ 輸入姓氏。

❷ 輸入名字。

❸ 輸入用戶名。【註：用戶名的長度 3 至
20 個字，且只能用英數及「_」。】

❹ 輸入 email。

❺ 輸入密碼。

❻ 已有帳號者，可由此登入。【註：步驟
請參考 3-1-2-2 登入帳號 P.93。】

04

點擊「Sign up！」。【註：點選後即表示你同意服務條款和隱私權政策。】

05

系統顯示已寄認證信到你的 email 裡，如果沒有收到認證郵件，可點選「Resend Verification Email」重新發送認證信。

06

至收件匣查看信件，點選「Confirm email address」。

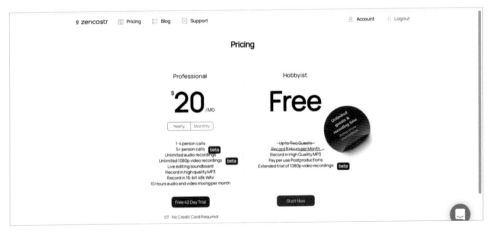

07

進入免費及付費方案的說明頁面，即完成註冊帳號。

登入帳號

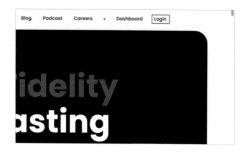

01

點選「Login」。

02

進入登入頁面。

❶ 輸入 email。

❷ 輸入密碼。

❸ 忘記密碼可點此處。【註： 步驟請參考 3-1-2-2-1 忘記密碼 P.94。】

03

點選「Login」。

04

系統自動跳轉至免費及付費方案的說明頁面，即完成登入帳號。

01

點選「Forgot your password？」。

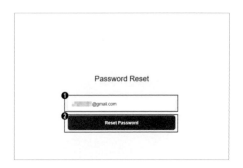

02

進入忘記密碼頁面。

❶ 輸入電子郵件。

❷ 點選「Reset Password」。

03

系統顯示已寄送電子郵件。

04

至電子郵件的收件匣收信，點選「Reset your password」。

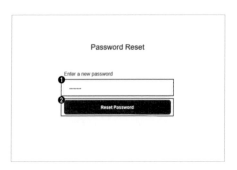

05

進入重設密碼的頁面。

❶ 輸入新的密碼。

❷ 點選「Reset Password」完成重設密碼後，系統自動跳轉至免費及付費方案的說明頁面。

Zencastr 後台介面介紹

因為以錄音教學為主，所以只針對錄製相關功能做說明。

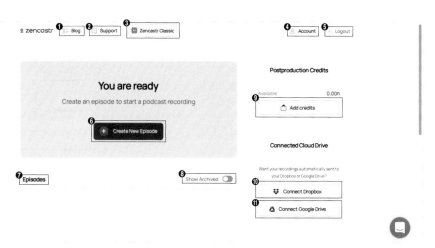

❶ 點選「Blog」可查看版本更新、新功能等相關說明。

❷ 點選「Support」可查看常見問題等提供用戶的協助。

❸ 點選「Zencastr Classic」可查看 Zencastr 的方案說明。

❹ 點選「Account」可更改個人資料、Zencastr 方案。

❺ 點選「Logout」可登出帳戶。

❻ 點選「Create New Episode」製作新的劇集。【註：步驟請參考 3-1-2-4 單人錄製教學 P.96。】

❼ 點選「Episodes」錄製好的音頻或視頻會放在「Episodes」內。

❽ 點選「Show Archived」可保存已刪除的檔案。

❾ 點選「Add credits」可購買一次性的後製費用。

❿ 點選「Connect Dropbox」自動連接至 Dropbox。

⓫ 點選「Connect Google Drive」自動連接至 Google 雲端。

單人錄製教學

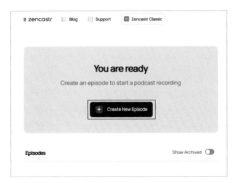

01

點選「Create New Episode」。

02

輸入劇集名字。【註：免費方案無 WAV 錄製功能。】

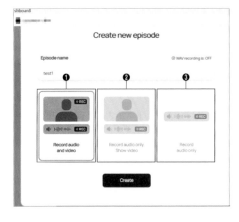

03

可選擇錄製音頻和視頻的功能。

❶ 點選「Record audio and video」可同時錄製音頻和視頻。

❷ 點選「Record audio only. Show video」可顯示視頻，但僅錄製音頻。

❸ 點選「Record audio only」僅錄製音頻。

04

選擇要錄製的功能後，點擊「Create」，進入錄製頁面。【註：可依個人需求選擇錄製介面。】

05

系統詢問是否允許使用你的攝像頭和麥克風權限，點選「允許」。

06

進入錄製頁面，若想更改為其他的錄製功能，可點選「No Vedio, Record Audio」的下拉式選單選擇其他功能。

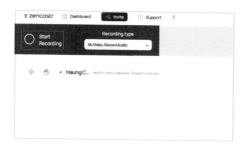

07

點選「Start Recording」。【註：系統會先倒數三秒，才會開始錄音。】

08

開始錄音後，點選「❚❚」，可暫停錄音。

09

以下分別說明錄音操作的功能。

❶ 點擊「▣」可停止錄製，同時也會自動輸出 MP3 檔案。【註：請參考步驟 3-1-2-4-1 輸出 MP3 檔 P.98。】

❷ 點擊「▶」可繼續錄音。

❸ 點擊「🎤」可靜音或取消靜音。

❹ 點擊「✋」舉手功能，適用於多人錄製的情況。【註：步驟請參考 3-1-2-5-3 雙人錄音的技巧 P.102。】

♫ **3-1-2-4-1 輸出 MP3 檔**

01

以下為輸出音頻的說明。

❶ 畫面顯示音頻正在轉存，當儲存條消失後，即完成音頻輸出。

❷ 完成輸出後，才能點選「Hang up call」掛斷電話。

02

輸出完成後可選擇付費後製音頻，或直接下載。

❶ 如有購買方案，點選「Produce your podcast」可後製音頻。

❷ 點選「MP3」可下載已錄製的音頻。

雙人錄製教學

♫ 3-1-2-5-1 分享錄音間

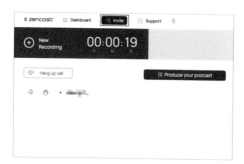

01

點選「Invite」。

02

跳出邀請來賓的視窗。

❶ 輸入來賓的名字。

❷ 輸入來賓的 Email。

❸ 點選「invite another guest」可邀請更多來賓。

❹ 點選「Copy invite link」複製邀請的網址。【註：來賓不用註冊，點選網址即可加入錄音間。】

03

輸入完成後，點擊「Send invites」，發送 Email 邀請來賓進入錄音間。

♬ 3-1-2-5-2 **來賓進入錄音間**

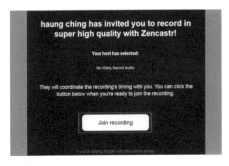

01

來賓至電子郵件的收件匣查看邀請信，
點擊「Join recording」。

02

跳出使用麥克風權限的小視窗，點選
「允許」。

03

來賓須輸入名字。

04

點選「預設－麥克風」選擇麥克風模式。

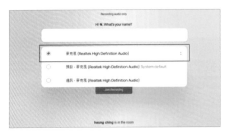

05

跳出下拉式選單，點選「麥克風」。

06

點選「預設－喇叭」選擇喇叭模式。

07

跳出下拉式選單，點選「通訊－喇叭」。

08

點選「Join Recording」。

09

跳出許可音頻播放的視窗，點選
「Allow Audio Playback」。

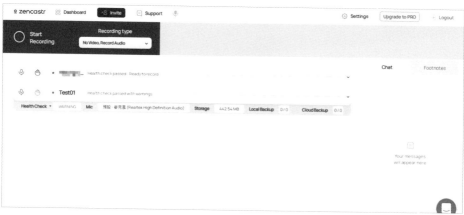

10

來賓完成進入錄音間的操作。

♬ 3-1-2-5-3 雙人錄音的技巧

01

錄音過程中，如果有人正在說話，而你有話想說時，可以點擊「✋」。

02

主持人那端就會顯示「✋」反色底，且上下晃動的畫面，待另一方說完後就會邀請你說話。

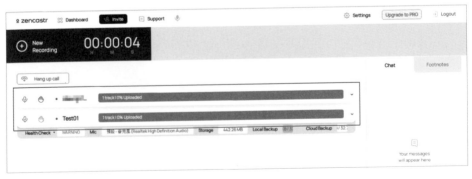

03

錄製完成後即可輸出 MP3 檔。【註：步驟請參考 3-1-2-4-1 輸出 MP3 檔 P.98。】

手機版錄製軟體教學

Teaching Of Recording Software On Mobile Phone

RECORDING AND USE OF VARIOUS MATERIALS

15:20 — -38:14

3-2-1

iTalk Recorder

這個 APP 只有 iPhone 用戶才能下載,是一款操作簡便的免費錄音 APP。

3·2·1·1

錄音介面介紹

01

點選「iTalk」。

02

進入 iTalk Recorder 介面。

❶ 點選「PRESS TO RECORD」可 開始錄音。【註:步驟請參考 3-2- 1-2 錄音教學 P.104。】

❷ 可於「Recording Name」框內 輸入音頻名稱。

❸ 系統預設「Better」為錄音的音 質,可依個人需求調整。

❹ 點選「Done」可進入音頻儲存 位置。【註:請參考 3-2-1-1-1 音 頻儲存處介面介紹 P.104。】

♫ 3-2-1-1-1 音頻儲存處介面介紹

① 點選「ⓘ」可查看 APP 的版本說明。

② 點選「Edit」可刪除音頻，或上下移動音頻的位置。

③ 點選「Search」可搜尋音頻名字。

④ 點選「Record」可回到錄音介面。

⑤ 點選「ⓘ」可查看音頻的詳細資訊，並點選「凸」以 Email 方式分享該音頻。

⑥ 可按壓「○」往左倒轉、往右快進播放音頻。

3-2-1-2

錄音教學

01
點選「PRESS TO RECORD」即可開始錄音。

02

點選「PRESS TO STOP」結束錄音。

03

介面跳出「Recording Name」，在框內輸入音頻名稱。

04

點擊「Done」完成音頻儲存。

Easy Voice Recorder

這是一款免費的錄製 APP，除了能錄音，也能做簡單的音頻後製。

3-2-2-1

「Easy Voice Recorder」介面介紹

01

點選「簡便錄音裝置」，進入 APP 首頁。

02

點選首頁下方圖示可進入不同介面。

❶ 點選「錄音」可錄製音頻。【註：請參考 3-2-2-1-1「錄音」介面介紹 P.106。】

❷ 點選「聆聽」可查看音頻儲存處，及編輯音頻等操作。【註：請參考 3-2-2-1-2「聆聽」介面介紹 P.107。】

❸ 點選「設置」可設定錄製音頻的偏好設定。【註：請參考 3-2-2-1-3「設置」介面介紹 P.110。】

♬ 3-2-2-1-1「錄音」介面介紹

❶ 點選「錄音 2」可更改音頻名稱。

❷ 點選「●」可開始錄音。【註：步驟請參考 3-2-2-2 錄音教學 P.111。】

♬ 3-2-2-1-2 「聆聽」介面介紹

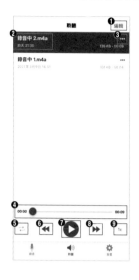

❶ 點選「編輯」可刪除或分享視頻。【註：請參考「…」選單介面介紹 P.107。】

❷ 點選「錄音中 2.m4a」可播放錄音。

❸ 點選「…」可刪除、重新命名、分享、轉錄及編輯音頻。【註：請參考「…」選單介面介紹 P.107。】

❹ 按壓「●」可往左倒轉、往右快進播放的進度條。

❺ 點選「⇄」可循環播放音頻。

❻ 點選「◀◀」可讓音頻倒退五秒。

❼ 點選「●」可播放或暫停音頻。

❽ 點選「▶▶」可讓音頻快進五秒。

❾ 點選「1x」可選擇倍速播放音頻。

✦ 「…」選單

跳出編輯該音頻的小視窗。

A. 點選「刪除」可刪除音頻。

B. 點選「重命名」可重新命名音頻。【註：步驟請參考Ⓑ重命名 P.108。】

C. 點選「分享」可選擇不同方式分享音頻。

D. 點選「轉錄」可轉錄音頻。【註：步驟請參考Ⓓ轉錄 P.108。】

E. 點選「編輯」可編輯音頻。【註：步驟請參考Ⓔ編輯 P.109。】

B 重命名

BO1

輸入音頻的名稱。

BO2

點選「重命名」完成重新命名音頻。

D 轉錄

DO1

系統顯示音頻轉錄中。

DO2

介面顯示轉錄後的文字，即完成轉錄文字。

Ⓔ 編輯

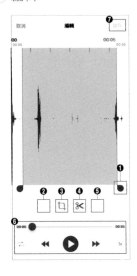

E01

可簡易剪輯音頻，以下分別說明編輯的功能。

❶ 按壓「●」可往左、右選取編輯音頻的區域。

❷ 點選「　」回到上一步。

❸ 點選「↻」可選取整段音頻。

❹ 點選「✄」可剪下選取的音頻。

❺ 點選「　」回到下一步。

❻ 為音頻的播放介面。【註：請參考 3-2-2-1-2「聆聽」介面介紹 P.107。】

❼ 點選「儲存」跳至步驟 E02。

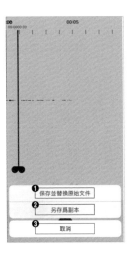

E02

可選擇覆蓋原檔或另存新檔的方式儲存音頻。

❶ 點選「保存並替換為原始文件」可覆蓋原本的音檔，跳至步驟 E03。

❷ 點選「另存為副本」可保留原本的音檔，另存新檔，跳至步驟 E04。

❸ 點選「取消」回到步驟 E01。

E03

介面跳出詢問是否覆蓋原檔的視窗。

❶ 點選「替換」跳至步驟 E04。

❷ 點選「取消」回到步驟 E01。

EO4

系統顯示音頻正在保存，儲存條消失後，即完成音頻保存。

♫ 3-2-2-1-3「設置」介面介紹

❶ 點選「格式」可更改音頻的儲存格式及音軌品質。

❷ 點選「默認名稱」可設定系統預設的名稱。

❸ 點選「存儲位置」可選擇音頻儲存的位置。

❹ 點選「主題」可更換為付費主題包。

❺ 點選「升級功能」可選擇付費轉錄大於五分鐘的音頻，或購買主題包。

❻ 點選「轉錄」可選擇轉錄的語言。

❼ 點選「屏幕設置」可選擇錄製時是否關閉屏幕。

❽ 點選「與播放音頻混合」可選擇是否透過揚聲器錄製音頻。

錄音教學

01

點選「◉」開始錄音。

02

點選「❚❚」暫停錄音。

03

錄音結束後，可選擇刪除或儲存音頻。

❶ 點選「✕」，跳出刪除音頻的視窗，點選「刪除」回到步驟 1。

❷ 點選「✓」，跳至步驟 4。

04

介面顯示「錄音中 17.m4a」即成功儲存音頻。

3-2-3

GarageBand

此款 App 只有 iPhone 用戶才能下載，它能製作自己的音樂計畫案，錄製聲音和樂器，以及後製等功能。

01

點選「GarageBand」。

02

跳出選擇音軌類型的介面，將介面往左或往右滑動至「錄音機」。

03

點選「人聲」，進入錄製人聲的介面。

3-2-3-1

錄音介面介紹

❶ 點選「▼」選單，可儲存音頻、選擇呈現人聲的效果。

❷ 點選「▭」可選擇以即時循環樂段，或是音軌錄製音頻。

❸ 點選「▤」顯示音軌介面，可在此編輯音軌或加入配樂。【註：步驟請參考 3-2-3-2-1 分割音頻 P.114、3-2-3-2-2 加入配樂 P.115。】

❹ 點選「▦」顯示主音人聲的功能，可設定音軌、輸出音量、平衡左右聲道、調整等化器及音軌的主要效果，可營造出在大空間錄音的情境，以增加臨場感。

❺ 此處可錄製音軌。

❻ 系統預設開啟節拍器的功能，若不想將節拍器的聲音錄進音頻裡，則可點選「▣」取消該功能。

❼ 點選「◉」可獨立顯示音質及擠壓音頻的功能。

❽ 點選「◷」可調整節拍器和預備拍、拍速、拍子記號、大調或小調、顯示時間的尺標、設定淡出效果、添加記事本內容、連接樂器以即興演奏等進階設定。

❾ 可左右移動「▮」至其他位置錄音，或是聆聽回放的音頻。

❿ 此處可查看麥克風的音量。【註：若是音量過大，則音量條會顯示橘黃色的警示。】

⑪ 點選「✎」可設定監聽器、雜訊消除器的功能。

⑫ 此處可調整人聲的音質、調音的程度、加重人聲的清晰度、破音的強度、空間的回音。

⑬ 點選「＋」可設定歌曲段落及節拍。

⑭ 可上下移動「●」調整監聽器的音量。

⑮ 點選「關閉」可開啟監聽器的功能。

3-2-3-2

錄製教學

01

以下為錄音前的操作說明。

❶ 點選「◉」開始錄音。【註：系統會先倒數四秒，再開始錄音。】

❷ 開始錄製後，當「▶」變成「▶」，點選後即可暫停錄製，再點「◉」可繼續錄製。

❸ 點選「◀」可回到錄音的起始點。

02

以下為錄音中的操作說明。

❶ 當「◀」變成「■」，點選「■」後可結束錄製。【註：若要重新錄製，則須手動移動音軌至要接續錄製的位置。】

❷ 點選「▶」可暫停錄製，變更成「▶」即可播放錄製的音頻。

♫ 3-2-3-2-1 **分割音頻**

01

雙擊「主音人聲」。

02

跳出編輯音頻的選單，點選「分割」。

03

按住「✄」。

04

當「✄」變成「🛡」，代表可開始往右移動至要分割的位置。

05

將「🛡」向下拉，即可分割音頻。

06

完成分割音頻。

♫ 3-2-3-2-2 加入配樂

01

點選「＋」。

02

進入「樂器」介面，將介面往左或往右滑動至「吉他」。【註：可依個人需求選擇樂器。】

03

點選「智慧型吉他」。

04

進入錄製吉他的介面，點選「●」可開始錄製。

05

點選「■」暫停錄製。

06

點選「▦」回到音軌介面。

07

介面顯示「原聲」即完成加入配樂。

3·2·3·3

儲存音頻

01

點選「▼」。

02

跳出選單,點選「我的歌曲」。

03

系統跳轉至「GarageBand 最近項目」介面,即完成儲存音頻。【註:若想以不同的方式分享音頻,可按住「我的歌曲 1」跳出選單後,點選「分享」。】

APTICLE 03

製作逐字稿的軟體教學

Verbatim Software Teaching

RECORDING AND USE OF VARIOUS MATERIALS

27:55   -12:49

這是一款免費的軟體，可以辨識語音產生字幕檔，轉檔速度快，可以省下初步打字與上字幕的時間。

PyTranscriber 安裝頁面 QRcode

3-3-1

下載軟體 PyTranscriber

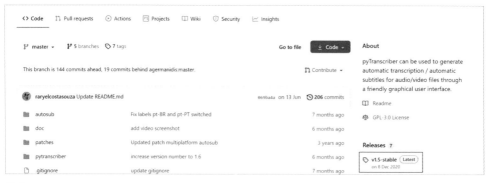

01

進入 PyTranscriber 官方網站，點選「v1.5-stable」。

02

進入版本下載的安裝頁面，可依個人需求選擇安裝的版本。【註：以下以選擇 win8-10 免安裝版為例。】

03

進入「下載」資料夾，找到檔案儲存位置後，點擊滑鼠右鍵，出現內容工具列。

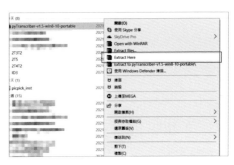

04

點選「Extract Here」，在此解壓縮。【註：可依個人需求選擇解壓縮的位置。】

05

打開解壓縮後的資料夾，雙擊滑鼠左鍵打開「pyTranscriber」。

3-3-2

PyTranscriber介面介紹

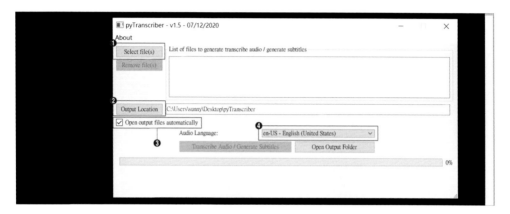

❶ 點選「Select file（s）」可選擇上傳音檔。【註：步驟請參考 3-3-3 上傳音檔 P.119。】

❷ 點選「Output Location」可選擇儲存的資料夾。

❸ 系統預設自動開啟輸出完成的逐字稿文件，若不想立即打開，可點選「☑」取消勾選。

❹ 點選「en-Us-English（United States）」可切換語言。

3-3-3

上傳音檔

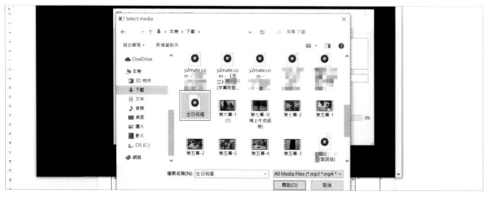

01

跳出資料夾後，點選要上傳的音檔。

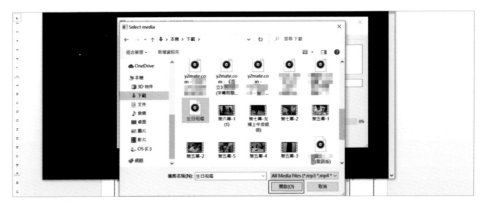

02

點選「開啟」。

03

確認音檔無誤後,點選「Transcribe Audio ∕ Generate Subtitles」。

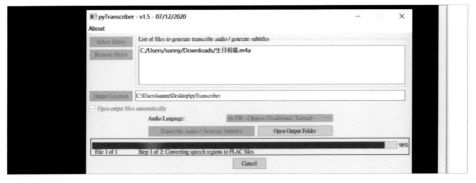

04

畫面顯示音頻正在上傳,儲存條消失後,即完成逐字稿輸出。

ARTICLE
04

製作封面教學

Making A Cover Tutorial

RECORDING AND USE OF VARIOUS MATERIALS

50:17 ―――――――――――――――――― -3:17

3-4-1
尺寸規格須知

◆ **封面大小**：必須為正方形，最小為 1400×1400 像素，最大為 3000×3000 像素。

◆ **圖檔格式**：JPG 或 PNG。

3-4-2
設計封面的基本要點

在聽眾還不認識你時，除了節目標題，若封面上有明確的資訊，也能吸引聽眾點擊節目，以下列出設計節目封面的建議。

◆ 含創作者名字。

◆ 含節目名稱。

◆ 以一句話介紹節目內容。

◆ 字型大小須調大，讓手機用戶也能清楚看見。

3-4-3
製作封面版型的操作教學

以下提供免費的版型設計平台，須登入才能下載版型。

Canva 官網
QRcode

01

進入 Canva 頁面後，於搜索欄搜尋「播客封面」。

02

任意點選喜歡的版型。

03

將「Practical Skills」反白，可更改文字。

04

輸入「說孤事」。【註：可依個人需求輸入節目標題。】

05

將「HOW TO DO THINGS」反白，可更改文字。

06

輸入「晴」。【註：可依個人需求輸入創作者名字。】

07

將「WITH TAYLOR」反白，可更改文字。

08

輸入「說孤魂野鬼的故事。」【註：可依節目設定輸入簡短介紹。】

09

點選「下載」。

10

點選「JPG」選擇儲存檔案的類型。

11

跳出下拉式選單,點選「PNG」。【註:
可視個人需求選擇檔案類型。】

12

點擊「下載」。

13

畫面顯示版型正在儲存,儲存條消失後,
即完成版型下載。

CHAPTER 04

上傳音檔

UPLOAD AUDIO FILE

Firstory

ARTICLE 01

UPLOAD AUDIO FILE

0:08 -38:04

為託管音頻節目的平台，除了能一鍵上架至 Podcast 平台外，也有提供抖內服務讓聽眾贊助 Podcaster，另外，也能以文字、語音訊息的方式私訊給 Podcaster，相當便利。

Firstory 網站
QRcdoe

01

輸入「https://firstory.me/zh/」，進入 Firstory 官方網站。

02

1. 點選「產品功能」可查看 Firstory 的功能介紹。

2. 點選「功能比較」可查看轉移節目至 Firstory 的步驟說明，以及與 Anchor、SoundCloud、SoundOn 各項功能的比較。

3. 點選「資費方案」可查看目前的資費方案。

4. 點選「聽眾」可進入 Firstory 收聽頁面。

5. 點選「繁體中文」可選擇介面顯示的語言。

6. 點選「資源」可進入查詢問題與解答、官方的自我介紹、訂閱 Firstory 電子報、介紹改版新功能的頁面。

7. 點選「Login」或「免費開始」可進入註冊或登入帳號的頁面。【註：步驟請參考 4-1-1 註冊帳號 P.127、4-1-2 登入帳號 P.135。】

4-1-1
🎤 註冊帳號

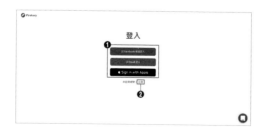

01

若用戶尚未有帳號，可選擇註冊帳號，若已有帳號，則可選擇登入。

1. 可自行選擇登入方式。【註：步驟請參考 4-1-2 登入帳號 P.135。】

2. 點選「註冊」跳至步驟 2。

02

可選擇以 Facebook 帳號、Email 帳號註冊。

❶ **Method01** 點選「以 Facebook 帳號註冊」。

❷ **Method02** 點選「以 Email 註冊」。

Method 01　點選「以 Facebook 帳號註冊」

M101

輸入帳號。

M102

輸入密碼。

M103

點選「登入」。

M104

系統自動導向至「節目列表」頁面，
即完成註冊。

M201

輸入信箱帳號。

M202

輸入密碼。

M203

點選「註冊」。

M204

系統自動導向至「節目列表」頁面，即完成註冊。

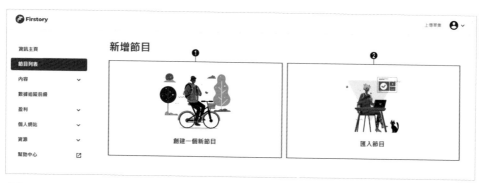

03

可選擇創建節目，或將在其他託管平台的節目移至 Firstory。

❶ 點選「創建一個新節目」進行創建節目。【註：步驟請參考 4-1-1-1 創建節目 P.130。】

❷ 點選「匯入節目」可轉移節目至 Firstory。【註：步驟請參考 4-1-1-2 轉移節目到 Firstory P.134。】

創建節目

★ 節目及作者名稱

01

輸入節目名稱。【註:字數建議為 10 ~ 12 個全形字,較不易因過於冗長而被系統隱藏。】

02

輸入作者名稱。

03

點選「下一步」。

★ 節目封面

04

可選擇點選或拖曳的方式上傳節目封面圖。

❶ Method01 點選「選擇圖片」。

❷ Method02 拖曳圖片檔案。

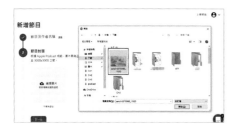

M101

跳出資料夾，點選要上傳的圖片。【註：
封面格式最小須為 1400*1400 像素，最大為
3000*3000 像素。】

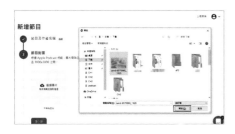

M102

點選「開啟」，節目封面圖上傳完成。

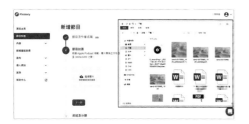

M201

在網頁旁邊，打開要上傳圖片的資料
夾。

M202

至資料夾點選要上傳的圖片。【註：封
面格式最小須為 1400*1400 像素，最大
為 3000*3000 像素。】

M203

將圖片拖曳到上傳的介面，出現「複製」
後放開滑鼠左鍵，節目封面圖上傳完成。

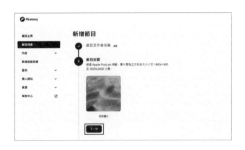

05

點選「下一步」。

★ 敘述及分類

06

輸入節目敘述。

07

點選分類選單,選擇節目分類。

08

跳出下拉式選單,點選「藝術」。

09

點選細項分類選單,選擇與藝術相對
應的細項分類。

10

跳出下拉式選單,點選「書迷」。

11

若想再細分節目的次要、第三分類，
可點選選單並進行選擇。

12

點選「下一步」。

★ 其他設定

13

點選語言選單，選擇前台的其他語言。

14

跳出下拉式選單，點選「Chinese」。
【註：可依個人需求選擇其他語言。】

15

系統預設節目不含成人內容，若有包含，
可點選「Yes」標記節目含該內容。

16

點選「提交」。

17

系統顯示已成功在 Firstory 開啟新節目，即完成創建節目。【註：可依序點選頁面上的紅字，查看官方提供的步驟說明。】

轉移節目到 Firstory

01

輸入 RSS Feed。

02

點選「下一步」。

03

系統會顯示節目預覽畫面，供用戶確認，在確認無誤後，點選「匯入 RSS」。

04

點選「先略過」，數分鐘後，系統會自動將節目轉移到 Firstory。

05

系統顯示已成功轉移到 Firstory，即完成節目轉移。

4-1-2

登入帳號

可選擇以 Facebook、Email、Apple 的帳號登入 Firstory。

❶ Method01 點選「以 Facebook 帳號登入」。【註：步驟請參考 P.135。】

❷ Method02 點選「以 Email 登入」。【註：步驟請參考 P.136。】

❸ Method03 點選「Sign in with Apple」。【註：步驟請參考 P.137。】

Method 01 ｜ 點選「以 Facebook 帳號登入」

M101

輸入帳號。

M102

輸入密碼。

M103

點選「登入」，完成 Facebook 帳號登入，
系統自動跳轉至「節目列表」頁面。

Method 02 | 點選「以 Email 登入」

M201

輸入 Email 帳號。

M202

輸入密碼。

M203

點選「登入」，完成 Email 帳號登入，系
統自動跳轉至「節目列表」頁面。

M301

點選「Sign in with Apple」。

M302

進入「使用 Apple ID 登入」頁面,輸入帳號。

M303

點選「→」。

M304

輸入密碼。

M305

點選「→」,系統會發送驗證碼至用戶綁定的 Apple 手機。

M306

輸入驗證碼。

M307

選擇信任這個瀏覽器。

❶ 點選「現在不要」為下次登入時須再輸入驗證碼。

❷ 點選「不信任」為下次以此瀏覽器登入時須再輸入驗證碼。

❸ 點選「信任」為下次以此瀏覽器登入時無須再輸入驗證碼。

M308

使用 Apple ID 建立「Firstory」帳號。

❶ 點選「編輯」可重新命名登入姓名。

❷ 系統預設為隱藏電子郵件，若想開啟，可點選「分享我的電子郵件」。

❸ 點選「繼續」。

M309

點選「繼續」，完成 Apple ID 登入，系統自動跳轉至「節目列表」頁面。

4-1-2-1

忘記密碼

01

點選「忘記密碼」，進入輸入 Email 的頁面。

02

輸入電子郵件。

03

點擊「送出」。

04

至 Email 收件匣查看驗證碼。

05

輸入驗證碼。

06

點擊「送出」。

07

輸入新密碼。

08

點擊「送出」，完成重設密碼。

09

跳出密碼重設成功的小視窗，點擊「確定」
進入登入頁面。【註：步驟請參考 4-1-2 登入
帳號 P.135。】

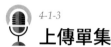

4-1-3
上傳單集

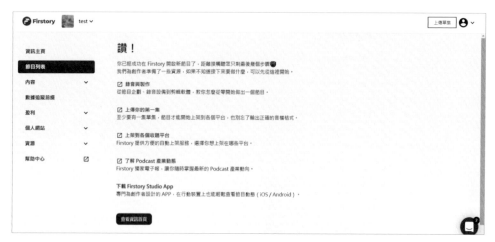

01

點選「上傳單集」。

★ 輸入基本資訊

02

進入「發佈新單集」頁面，輸入單集標題。【註：一般字數最多落在 30 ~ 40 個全形字，建議將該單集的重點內容放上去，可加強 SEO。】

03

可選擇點選或拖曳的方法上傳音檔。

❶ **Method01** 點選「選擇音檔」。【註：步驟請參考 P.141。】

❷ **Method02** 拖曳音檔。【註：步驟請參考 P.142。】

Method 01 ┃ 點選「選擇音檔」

M101

跳出資料夾，點選要上傳的音檔。【註：音檔格式須為 mp3、mp4、m4a、aac。】

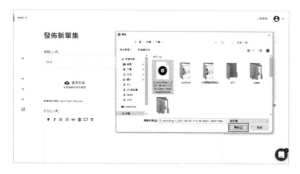

M102

點選「開啟」，完成上傳音檔。

M201

在網頁旁邊，開啟要上傳音檔的資料夾。

M202

至資料夾點選要上傳的音檔。【註：音檔格式須為 mp3、mp4、m4a、aac。】

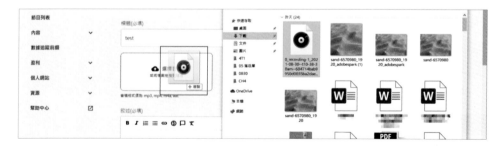

M203

將音檔拖曳到上傳的介面，出現「複製」後放開滑鼠左鍵，完成上傳音檔。

04

可選擇點選或拖曳的方法上傳單集封面圖。【註：若無單集封面圖，系統會以節目封面圖作為單集封面圖。】

❶ Method01 點選「選擇圖片」。【註：步驟請參考 P.143。】

❷ Method02 拖曳圖片檔案。【註：步驟請參考 P.144。】

Method 01　點選「選擇圖片」

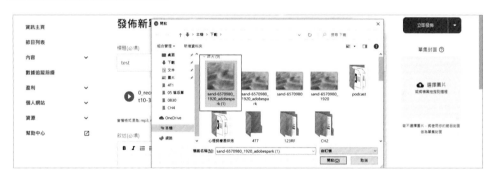

M101

跳出資料夾，點選要上傳的圖片。【註：封面格式最小須為 1400*1400 像素，最大為 3000*3000 像素。】

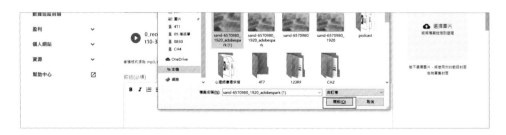

M102

點選「開啟」，完成上傳單集封面圖。

M201

在網頁旁邊，打開要上傳圖片的資料夾。

M202

至資料夾點選要上傳的圖片。【註：封面格式最小須為 1400*1400 像素，最大為 3000*3000 像素。】

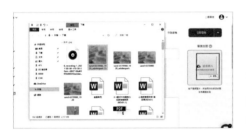

M203

將圖片拖曳到上傳的介面，出現「複製」後放開滑鼠左鍵，完成上傳單集封面圖。

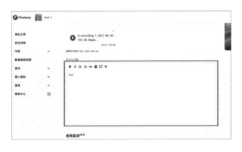

05

輸入單集描述。

★ 進階選項

06

設定發布的進階選項。【註：可依個人需求輸入不同季及不同集數。】

❶ 輸入第 1 季。

❷ 輸入第 1 集。

07

選擇發布的單集類型。

① 點選「完整」為一般的單集。

② 點選「預告」通常為簡短的預告或提示。

③ 點選「額外」為跳脫平常主題的特輯。

08

系統預設單集不含成人內容，若有包含，可點選「成人內容」為標記單集含該內容。

09

輸入標籤。【註：標籤會顯示在節目的個人網站中，加強 SEO 效果。】

★ 播放清單設定

10

點選「設定」。

11

跳出「設定播放清單」視窗，輸入播放清單名字。【註：播放清單會顯示在節目的個人網站中，加強 SEO 效果。】

12

點選「新增」，新增完成的播放清單會
直接顯示於畫面上。

13

勾選「嗨」將該單集加入播放清單內，
若不加入，直接點選「確認」。

14

點選「確認」。

15

系統跳轉回原頁面，並顯示出「嗨」，
即完成播放清單的設定。

★ 設定章節時間

16

點選「設定」。

17

跳出「設定章節」視窗，可選擇點選
「＋」或「切換成文字模式」設定章節
時間。

❶ **Method01** 點選「＋」。【註：步驟請參
考 P.147。】

❷ **Method02** 點選「切換成文字模式」。
【註：步驟請參考 P.147。】

M101

輸入「00：01：00」為開始時間。【註：可依個人需求輸入開始時間。】

M102

輸入章節標題。【註：可依個人需求輸入章節標題。】

M103

點選「確認」。【註：若想再設定章節時間，可再按「＋」往下新增。】

M104

系統跳回原頁面，並顯示「00：00：01嘿」，即完成設定章節時間。【註：Apple Podcast、Pocket Casts 和 Overcast，會在節目開始播放後顯示章節。】

M201

系統顯示輸入章節的預設格式。【註：可將該段文字複製到單集敘述中，透過點擊章節標題跳到對應時間。】

❶ 輸入幾小時。　　❸ 輸入幾秒。

❷ 輸入幾分鐘。　　❹ 輸入章節標題。

M202

輸入章節的時間及標題。

M203

點選「確認」。

M204

系統跳轉至原頁面,並顯示「00：00：01
嘿」,即完成文字模式的章節時間設定。

★ 廣告活動設定

18

點選「設定」。

19

跳出「設定廣告活動」視窗,點選「確
認」,為授權給廣告商查看活動期間的
單集數據。

20

將頁面向上拉,可選擇將單集存為草稿或
立即發佈。

❶ **Method01** 點選「存為草稿」。【註:介面介
紹請參考 4-1-4 將單集存為草稿 P.149。】

❷ **Method02** 點選「立即發佈」。【註:步驟請
參考 4-1-5 發佈節目 P.150。】

將單集存為草稿

01

系統跳出「編輯 KKBOX 音樂嵌入」視窗，將畫面向下拉，點選「儲存」。【註：為不嵌入音樂，若想嵌入，步驟請參考「新增嵌入點」P.151。】

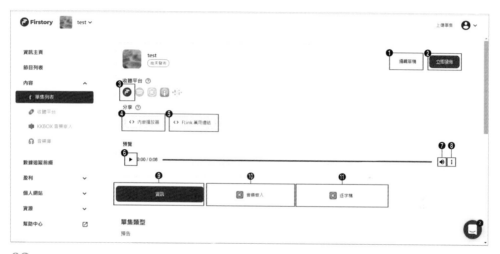

02

❶ 點選「編輯草稿」編輯單集。【註：步驟請參考 4-1-4-1 編輯草稿 P.150。】

❷ 點選「立即發佈」直接發佈單集。

❸ 點選「❺」進入該單集的 Firstory 收聽平台。

❹ 點選「內嵌播放器」可複製內嵌播放器的網址。

❺ 點選「FLink 萬用連結」可複製 FLink 的網址。

❻ 點選「▶」可播放或暫停單集。

❼ 點選「◀)」可將單集靜音。

❽ 點選「:」顯示出選單可下載單集。

❾ 點選「資訊」為系統預設，可查看單集類型、第幾季、第幾集等資訊。

❿ 點選「Ⓚ 音樂嵌入」可將 KKBOX 的音樂嵌入單集。【註：步驟請參考「新增嵌入點」P.151。】

⓫ 點選「Ⓚ 逐字稿」可至 KKBOX 編輯逐字稿。【註：若已使用 KKBOX 音樂嵌入的功能，則無法使用該功能。】

編輯草稿

01

點選「編輯草稿」，進入「編輯單集」頁面。

【註：步驟請參考 4-1-3 上傳單集 P.140。】

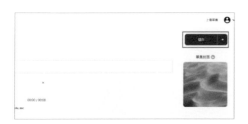

02

編輯單集資訊後，將畫面向上拉，點選「儲存」完成編輯草稿。

 4-1-5

發佈節目

01

點選「立即發佈」。

02

跳出下拉式選單，可選擇立即或依排程的方式發佈節目。

❶ Method01 點選「立即發佈」。【註：步驟請參考 P.151。】

❷ Method02 點選「排程發佈」。【註：步驟請參考 P.154。】

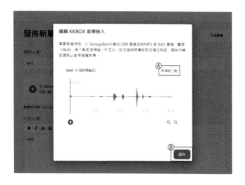

跳出「編輯 KKBOX 音樂嵌入」視窗,可選擇新增嵌入點或直接儲存後發布節目。

A. 點選「新增嵌入點」。

B. 點選「儲存」,可直接發布節目,不嵌入 KKBOX 的音樂。

Ⓐ 點選「新增嵌入點」

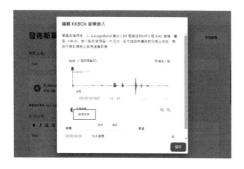

A01

點選「選擇音樂」。

A02

在搜索欄輸入歌曲、專輯、歌手等關鍵字。

A03

點選「Q」。

A04

系統顯示搜尋結果，用戶可選擇要嵌入的音樂。

❶ 可選擇歌曲、專輯、歌手，查看不同分類的搜尋結果。

❷ 點選「▶」可播放該曲目。

❸ 點選「+」嵌入該曲目，跳至 A05。

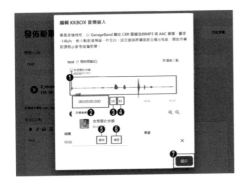

A05

系統自動回到「編輯 KKBOX 音樂嵌入」介面。

❶ 可拖曳時間軸，選擇要嵌入音樂的時間點。【註：步驟請參考 P.153。】

❷ 輸入嵌入音樂的時間點。

❸ 點選「K」可跳至開頭。

❹ 點選「ЭI」可跳至結尾。

❺ 點選「刪除」可移除該曲目，回到步驟 2。

❻ 點選「確認」選擇此時間點嵌入該曲目。

❼ 點選「儲存」，跳至 A06。

A06

系統顯示「已儲存」，完成發布已嵌入 KKBOX 音樂的節目。

◈ 拖曳時間軸，嵌入音樂

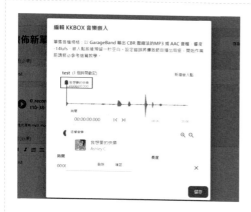

01

往右拖曳「我想要的快樂」至要嵌入的時間點。

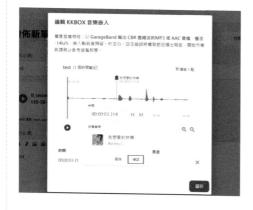

02

點選「確認」，即嵌入歌曲至播放單集後的第三秒。

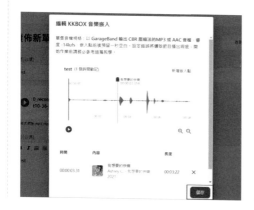

03

點選「儲存」，即完成嵌入音樂。

可選擇點選「✎」或數字設定發佈時間。

A. 點選月曆上的數字。

B. 點選「✎」。

Ⓐ 點選「月曆上的數字」

A01

點選「＞」選擇下一個月。

A02

點選「30」，發佈日期為九月三十號。

A03

將畫面向下拉，可設定排程時間。【註：可依個人需求設定排程時間。】

❶ 點選下拉式選單設定 1 點。

❷ 點選下拉式選單設定 45 分。

❸ 點選下拉式選單設定 PM。

❹ 點選「確認」完成設定發佈的時間。

點選「✏」

設定排程時間。【註：可依個人需求設定排程時間。】

❶ 手動輸入年月日。

❷ 點選下拉式選單設定 1 點。

❸ 點選下拉式選單設定 45 分。

❹ 點選下拉式選單設定 PM。

❺ 點選「確認」完成設定發佈的時間。

4-1-6
🎙 發佈 Podcast

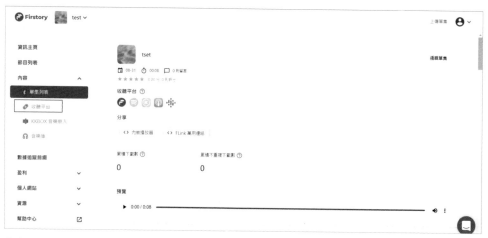

01

點選「收聽平台」。

自動上架

01

點選「提交」自動上架節目。

02

系統顯示已提交，即完成發佈 Podcast。

手動上架

01

點選「🔗」複製 RSS Feed。

02

點選「編輯」自行上架節目。

03

系統預設在 RSS 中顯示個人信箱，若不想顯示，可取消勾選以隱藏個人信箱。

04

可自行選擇上架至哪個平台。

❶ 上架 Apple Podcast 須至 Apple Podcast Connect 上架節目。【註：步驟請參考 5-1-1 上架 Apple Podcast P.228。】

❷ 上架 SoundOn 須填寫表單申請上架節目。【註：步驟請參考申請上架 SoundOn P.158。】

❸ 點選「編輯」跳至步驟 5，以可在 Firstory 手動上架的平台為例。【註：若想查看該 Podcast 平台的上架步驟，可點選「提交節目」。】

05

貼上 RSS Feed。

06

點選「儲存」。

07

系統顯示「已儲存」，即完成手動發佈 Podcast。

◈ 申請上架 SoundOn

01
點選「上架表格」。

02
填寫 SoundOn 節目上架申請表單。

❶ 輸入節目名稱。

❷ 輸入 RSS Feed。

❸ 輸入 Email。

03
上架 SoundOn 的注意事項。

❶ 點選「□」了解上架單集及匯入 RSS Feed 的注意事項。【註：若未點選，則無法跳至下一個步驟。】

❷ 點選「□」為同意以下條款。【註：若未點選，則無法跳至下一個步驟。】

❸ 點選「送出申請」。

04
頁面顯示已成功送審，即完成申請上架 SoundOn。

◉ 其他平台

因這四個平台會直接讀取 Apple Podcast 的節目，所以無須手動發佈。【註：若沒有在 Apple Podcast 發佈過節目，則須點選「編輯」手動發佈節目。】

4-1-7

Firstory 後台介面介紹

❶ 點選「資訊主頁」可查看節目資訊及數據分析。【註：請參考 4-1-7-1「資訊主頁」介面介紹 P.160。】

❷ 點選「節目列表」可新增、刪除節目資訊。【註：請參考 4-1-7-2「節目列表」介面介紹 P.167。】

❸ 點選「內容」可編輯單集資訊、嵌入 KKBOX 音樂、查看 Firstory 提供的音樂。【註：請參考 4-1-7-3「內容」介面介紹 P.169。】

❹ 點選「數據追蹤前綴」給非使用 Firstory 託管平台的創作者的數據追蹤服務。【註：請參考 4-1-7-4「數據追蹤前綴」介面介紹 P.172。】

⑤ 點選「盈利」可查看聽眾贊助、廣告活動的功能。【註：步驟請參考 4-1-7-5 申請盈利 P.172。】

⑥ 點選「個人網站」可設定個人網站相關資訊、編輯播放清單、設定語音信箱。【註：步驟請參考 4-1-7-6 設定個人網站 P.177。】

⑦ 點選「資源」可獲得錄音室租借的資源。【註：請參考 4-1-7-7「資源」介面介紹 P.183。】

⑧ 點選「幫助中心」可查詢常見的問題。【註：步驟請參考 4-1-7-8 查看幫助中心的問題 P.183。】

4-1-7-1

「資訊主頁」介面介紹

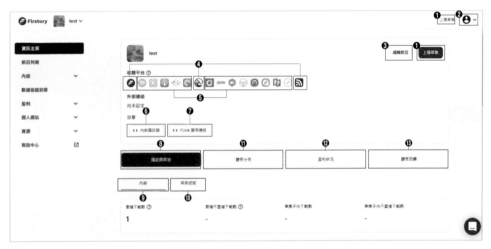

① 點選「上傳單集」可發布新單集。【註：步驟請參考 4-1-3 上傳單集 P.140。】

② 點選「👤▾」下拉式選單可更改帳戶登入資訊、登出帳戶。【註：步驟請參考 4-1-7-1-1 帳戶資訊 P.161。】

③ 點選「編輯節目」可進入編輯節目資訊的頁面。【註：步驟請參考 4-1-7-1-2 編輯節目資訊 P.163。】

④ 有顏色顯示的區塊為 Podcast 平台已上架，並能透過點選圖示進入該平台的收聽頁面。

⑤ 灰色顯示的區塊為 Podcast 平台未上架。

❻ 點選「內嵌播放器」可複製播放器的網址。【註：請參考 4-1-7-1-3 內嵌播放器介面介紹 P.166。】

❼ 點選「FLink 萬用連結」可複製萬用連結的網址。【註：請參考 4-1-7-1-4 內嵌 FLlink 萬用連結介面介紹 P.166。】

❽ 點選「播放與串流」可查看節目、單集的收聽及下載數據。

❾ 點選「內容」可查看節目、單集的重複或不重複的下載數據。

❿ 點選「單集總覽」可查看單集的每日下載數據。

⓫ 點選「聽眾分佈」可查看聽眾分佈的國家、區域及收聽時段。

⓬ 點選「盈利狀況」可查看贊助金額的數據。

⓭ 點選「聽眾回饋」可顯示出贊助訊息、收聽平台及 Apple Podcast 的聽眾留言。

♬ 4-1-7-1-1「帳戶資訊」

❶ 點選「更改帳戶電郵地址」可更改 Email 信箱。【註：步驟請參考更改帳戶電郵地址 P.162。】

❷ 點選「更改密碼」可重新設置密碼。【註：步驟請參考更改密碼 P.162。】

❸ 為使用者設定的介面語言，若想更改，可點選下拉式選單選擇語言。

◈ 更改帳戶電郵地址

01

進入「帳戶資訊」頁面，更改 Email
信箱。

02

系統預設原訂登入密碼。【註：此處
若更改密碼，則無法更新 Email。】

03

點選「確認」。

04

系統顯示「更改信箱成功」即完成
更改電郵地址。

◈ 更改密碼

01

進入「帳戶資訊」頁面更改密碼，
輸入原本的密碼。

02

輸入新的密碼。

03

再輸入一次新的密碼。

04

點選「確認」。

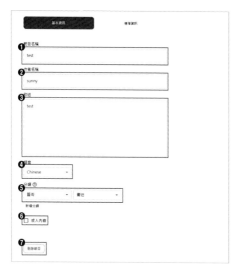

05

系統顯示「更改密碼成功」即完成
更改密碼。

♪ 4-1-7-1-2 編輯節目資訊

★ 編輯基本資訊

01

可編輯之前設定的節目資訊。

❶ 可修改節目名稱。

❷ 可修改作者名稱。

❸ 可修改節目介紹。

❹ 為創建節目時設定的語言,若想更改,
可點選下拉式選單,選擇其他語言。

❺ 為註冊時使用者選擇的節目分類,若
要編輯,可點選分類及細項分類的下
拉式選單選擇其他分類。

❻ 系統預設節目不含成人內容,若有包
含,可勾選以標記節目含該內容。

❼ 點選「刪除節目」,可刪除該節目。

★ 編輯進階資訊

02

點選「進階資訊」。

03

輸入自訂網址名稱。【註：只能包含小寫英文、數字及「-」，頭尾須為英文和數字，不得超過 24 個字元。】

04

若想使用第三方服務追蹤 RSS 的數據，可在此設定。

05

將頁面向下拉，可自行輸入個人社群平台等連結。

06

點選「新增」可新增其他社群平台的網站。

07

輸入標題。

08

輸入網址，即完成新增社群平台的網站。

【註：若想移除該連結，可點選「刪除」。】

♬ 4-1-7-1-3 內嵌播放器介面介紹

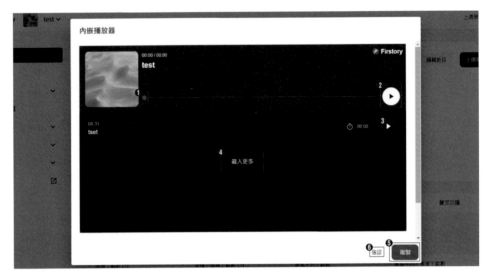

① 點選「●」可拖曳單集播放的進度條。

② 點選「⊙」可播放選擇的單集。【註：此播放條為用戶選擇某一單集後，會連動出現該單集。】

③ 點選「▶」可播放用戶指定的單集。

④ 點選「載入更多」可打開單集列表。

⑤ 點選「複製」為複製內嵌播放器的網址。

⑥ 點選「確認」儲存內嵌播放器的設定，回到「資訊主頁」頁面。

♬ 4-1-7-1-4 內嵌 FLlink 萬用連結介面介紹

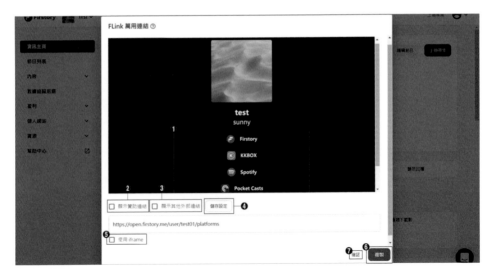

❶ 為已上架的 Podcast 平台連結。

❷ 系統預設不顯示贊助連結，若想顯示，可點選「贊助連結」顯示連結。

❸ 系統預設不顯示外部連結，若想顯示，可點選「顯示其他外部連結」顯示連結。

❹ 點選「儲存設定」，預覽畫面會同步顯示贊助及外部連結。【註：若無設定連結，則預覽畫面不會顯示。】

❺ 系統預設不使用 iframe 網址，若想使用，可點選「使用 iframe」調整嵌入播放器的大小。

❻ 點選「複製」為複製萬用連結的網址。

❼ 點選「確認」儲存萬用連結的設定，回到「資訊主頁」頁面。

4-1-7-2

「節目列表」介面介紹

❶ 點選「新增」可再新增節目。【註：步驟請參考 4-1-1-1 創建節目 P.130。】

❷ 點選「節目列表」可跳轉至「資訊主頁」頁面。

❸ 點選「…」可刪除節目。【註：步驟請參考「…」選單 P.167。】

◈ 「…」選單

01
點選「刪除」。

02

進入「刪除節目」頁面，點選「刪除節目」為系統預設的節目處理方式。【註：若為節目轉移至其他託管平台，則須點選「重新導向」。】

03

選擇刪除節目的原因。【註：可依個人需求選擇刪除節目的原因。】

04

可自行選擇是否輸入給官方的留言。

05

須全部勾選以下三種狀況，才可刪除該節目。

06

輸入「DELETE MY PODCAST」。

07

點選「刪除」。

08

系統自動跳轉至「節目列表」頁面，顯示已無節目列表，即完成刪除節目。

「內容」介面介紹

❶ 點選「單集列表」可查看、編輯單集。【註：請參考 4-1-7-3-1「單集列表」介面介紹 P.169。】

❷ 點選「收聽平台」可查看、編輯上架 Podcast 平台。【註：步驟請參考 4-1-5 發佈節目 P.150。】

❸ 點選「KKBOX 音樂嵌入」可嵌入音樂至單集內。【註：請參考 4-1-7-3-2「KKBOX 音樂嵌入」介面介紹 P.171。】

❹ 點選「音樂庫」可上傳、下載曲目。【註：請參考 4-1-7-3-3「音樂庫」介面介紹 P.171。】

♫ 4-1-7-3-1「單集列表」介面介紹

單集列表介面介紹。

❶ 為系統預設顯示已發佈單集。【註：請參考「已發佈」介面介紹 P.170。】

❷ 點選「草稿」可編輯未發佈的單集資訊。【註：請參考「草稿」介面介紹 P.170。】

◈「已發佈」介面介紹

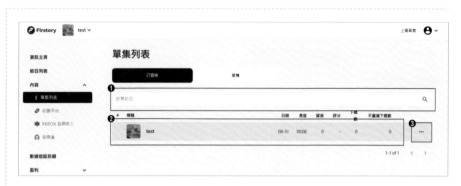

❶ 可於搜索欄輸入已發佈的單集名稱。

❷ 點選「單集列表」可查看單集下載數據、聽眾留言、單集資訊，以及嵌入 KKBOX 的音樂或逐字稿。

❸ 點選「⋯」選單可刪除、編輯單集。【註：刪除步驟請參考「⋯」選單 P.167；4-1-4-1 編輯草稿 P.150。】

◈「草稿」介面介紹

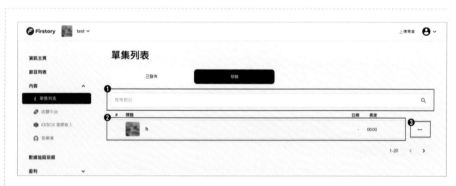

❶ 可於搜索欄輸入未發佈的單集名稱。

❷ 點選「單集列表」可查看單集資訊，以及嵌入 KKBOX 音樂。

❸ 點選「⋯」選單可刪除、編輯草稿。【註：刪除步驟請參考「⋯」選單 P.167；4-1-4-1 編輯草稿 P.150。】

♫ 4-1-7-3-2「KKBOX 音樂嵌入」介面介紹

01

點選「KKBOX 音樂嵌入」。

02

KKBOX 音樂嵌入介面介紹。

❶ 點選「已發佈」，可查看已發佈的單集、草稿。

❷ 點選「test」可進入「編輯 KKBOX 音樂嵌入」頁面。【註：步驟請參考「新增嵌入點」P.151。】

♫ 4-1-7-3-3「音樂庫」介面介紹

❶ 點選「上架音樂庫」可新增曲目上架至 Firstory，且同意將音樂授權給使用者。

❷ 點選「▶」可播放該曲目。

❸ 點選「⬇」可下載該曲目。【註：須在單集敘述中加入版權資訊。】

「數據追蹤前綴」介面介紹

點選「數據追蹤前綴」後，畫面顯示提供給非使用 Firstory 託管的創作者的數據追蹤服務。

申請盈利

點選「盈利」可設定聽眾贊助，及加入廣告活動。

❶ 點選「聽眾贊助」可設定聽眾贊助、查看聽眾贊助、進帳紀錄。【註：步驟請參考 4-1-7-5-1 設定聽眾贊助 P.172。】

❷ 點選「廣告活動」可加入廣告活動。【註：步驟請參考 4-1-7-5-2 加入廣告活動 P.176。】

♬ 4-1-7-5-1 設定聽眾贊助

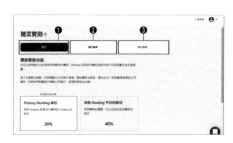

01

查看聽眾贊助的資訊。

❶ 為介面預設值，可跳至步驟 2，設定聽眾贊助。

❷ 點選「贊助會員」可查看訂閱及單次贊助的金額、名稱等資訊。

❸ 點選「我的進帳」可查看入帳紀錄。

02

將頁面向下拉，點選「同意並繼續」，
進入設定聽眾贊助的頁面。

★ 讓聽眾能用最簡單的方式支持你

03

系統預設啟用聽眾贊助，若不啟用，
可取消勾選以關閉聽眾贊助。

04

輸入自訂網址。【註：只能含英數及
「-」，且不可超過 24 個字元。】

05

輸入標題。

06

輸入贊助排行的動態標題。【註：為
在單集敘述、或贊助頁面裡顯示最近
一筆贊助，及前一週內二十名聽眾的
暱稱與留言。】

07

系統預設不在單集敘述中自動加入
贊助排行榜，若想加入，可點選「在
單集敘述中自動加入贊助排行榜」，
以在單集敘述中加入留言板。【註：
可顯示贊助者的暱稱及留言。】

08

系統預設不在贊助頁面自動加入贊助
排行榜，若想加入，可點選「在贊助
頁面中顯示贊助排行榜」，以在贊助
頁面加入留言板。【註：可顯示贊助者
的暱稱及留言。】

★ 單次贊助

09

系統預設啟用單次贊助，若不想啟用，
可取消勾選，以關閉單次贊助。

10

點選「新增」可設定單次贊助的金額。
【註：最多只能新增三個單次贊助的方
案。】

11

跳出「設定贊助項目」視窗。

❶ 輸入單次贊助的金額。【註：金額不得
　低於 50 元。】

❷ 點選「取消」回到步驟 9。

❸ 點選「確認」，跳至步驟 12。

12

系統顯示單次贊助的金額，即完成
新增單次贊助的設定。

★ 訂閱式贊助

13

將頁面向下拉，系統預設啟用訂閱
式贊助，若不想啟用，可取消勾選，
以取消訂閱式贊助。

14

點選「新增」，跳出「設定贊助項目」
視窗。【註：最多只能新增三個訂閱式
方案。】

15

輸入標題。【註：若已有人訂閱該方案，
則無法再修改。】

16

輸入金額。【註：金額不得低於 50 元。】

17

輸入訂閱方案的敘述。

18

將畫面向下拉，設定贊助項目。

❶ 輸入感謝詞給訂閱該方案的聽眾。

❷ 點選「取消」回到步驟 13。

❸ 點選「確認」跳至步驟 19。

19

系統顯示訂閱式贊助的金額，即完成新增訂閱式贊助的設定。

20

點選「儲存」。

21

系統顯示「已儲存」，即完成聽眾贊助的設定。

♪ 4-1-7-5-2 加入廣告活動

01

畫面跳出廣告授權服務，點擊「同意並繼續」。

02

進入「廣告活動頁面」系統顯示「已加入 Firstory 廣告聯播網」，即成功加入廣告活動。代表廣告主可查看節目的後台數據，若有廣告主向你發出邀請，也會顯示在此頁。【註：若點選「取消數據授權」，則無法加入 Firstory 廣告聯播網。】

設定個人網站

點選「個人網站」可設定個人專屬網站、單集中的播放清單，及查看語音信箱。

❶ 點選「設定」可設定個人專屬的網站。【註：步驟請參考 4-1-7-6-1 設定專屬網站 P.178。】

❷ 點選「播放清單」可新增、編輯播放清單。【註：步驟請參考 4-1-7-6-2 播放清單的設定 P.179。】

❸ 點選「語音信箱」可新增、編輯語音信箱。【註：步驟請參考 4-1-7-6-3「語音信箱」介面介紹 P.181。】

♫ 4-1-7-6-1 設定專屬網站

01

勾選「啟動節目的專屬網站」，以顯示個人網站設定的頁面。【註：若不啟動，則無法建立播放清單及語音信箱。】

02

為設定贊助連結的網址，若想更改，可自行輸入自訂網址。【註：只能包含小寫英文、數字及「-」，頭尾須為英文和數字，不得超過 24 個字元。】

03

將頁面向下拉，可自行添加 Google Analytics、Facebook Pixel 的 ID，獲得更詳細的後台數據分析。

04

點選「儲存」。

05

系統顯示「已儲存」，即完成設定專屬網站。

頁面顯示播放清單的資訊，可選擇新增、編輯播放清單，及複製該清單的網址。

❶ 點選「新增」可新增播放清單。【註：步驟請參考新增播放清單 P.179。】

❷ 點選「⋯」選單可編輯、刪除該播放清單。【註：步驟請參考「⋯」選單 P.180。】

❸ 點選「test」可進入複製播放清單網址的頁面。【註：請參考播放清單介面介紹 P.181。】

◈ 新增播放清單

01

可輸入播放清單的相關資訊，及選擇新增單集至清單內。

❶ 輸入播放清單的標題。

❷ 輸入播放清單的詳細說明。

02

點選「選擇單集」，跳出選擇單集的視窗。

03

勾選「test」，以新增 test 至播放清單。

【註：若不新增，則無須點選。】

04

點選「確認」。

05

點選「儲存」，進入該播放清單的頁面。

◈「…」選單

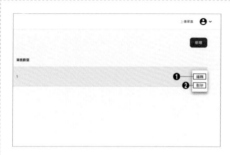

01

選單顯示可編輯、刪除播放清單。

❶ 點選「編輯」可編輯播放清單。【註：步驟請參考新增播放清單 P.179。】

❷ 點選「刪除」可刪除播放清單，跳至步驟 2。

02

跳出「確認」視窗，詢問使用者是否刪除播放清單。

❶ 點選「取消」回到步驟 1。

❷ 點選「確認」跳至步驟 3。

03

頁面顯示已無播放清單，即完成刪除播放清單。

◈ 播放清單介面介紹

❶ 點選「編輯」可編輯該播放清單。【註：步驟請參考新增播放清單 P.179。】

❷ 點選「cᴐ」可複製播放清單的網址。

❸ 點選「內嵌播放器」可複製該播放清單的播放器網址。【註：步驟請參考 4-1-7-1-3 內嵌播放器介面介紹 P.166。】

❹ 點選「test」可查看該單集的下載數據、聽眾留言、單集資訊，以及嵌入 KKBOX 音樂。

♫ 4-1-7-6-3「語音信箱」介面介紹

系統顯示開放、關閉語音信箱的資訊。

❶ 為系統預設開放中，可讓聽眾傳送語音訊息。

❷ 點選「已關閉」為不開放聽眾傳送語音訊息。

❸ 點選「新增」可新增語音信箱。【註：步驟請參考新增語音信箱 P.182。】

◈ 新增語音信箱

01

輸入語音信箱的標題、敘述,及選擇是否開放聽眾回覆。

❶ 輸入標題。

❷ 輸入敘述。

02

系統預設開放聽眾回覆語音訊息,若不開放,可取消勾選,以關閉回覆訊息的功能。

03

點選「儲存」,系統跳轉回語音信箱介面。

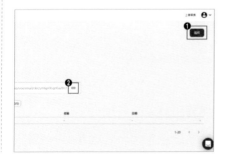

04

可選擇編輯語音信箱、或是複製網址。

❶ 點選「編輯」可編輯語音信箱。

❷ 點選「🔗」可複製語音信箱的網址。

「資源」介面介紹

點選「錄音室租借」可得知錄音室租借資訊。

查看幫助中心的問題

01

點選「幫助中心」,進入常見問題的
頁面。

02

可在搜索欄搜尋「上架」,並按「Enter」
鍵。

03

系統自動跳出搜尋結果,即可查看「上架」
相關的問題和解答。

UPLOAD AUDIO FILE

25:11   -13:01

SoundOn 網站
QRcode

　　為託管音頻節目的平台，雖然它有一鍵上架至 Podcast 平台上的功能，但並不包含 Apple Podcast、Google Podcasts，因此這兩個平台須自行手動上架。

❶ 點選「Podcast Player」可前往下載 SoundOn 的 APP 下載連結及網頁連結。

❷ 點選「原創節目」可查看 SoundOn 排行榜上的節目。

❸ 點選「For Podcasters」可選擇註冊或登入帳號。【註：步驟請參考 4-2-1 註冊及登入帳號 P.185。】

❹ 點選「廣告服務」廣告商可查看在 Podcast 投放廣告的管道。

❺ 點選「Events」可前往 SoundOn 舉辦活動的頁面。

❻ 點選「客服中心」可前往常見的問題與解答的頁面。

❼ 點選「免費收聽」可前往網頁版收聽 Podcast、下載 SoundOn App，及搜尋節目的頁面。

4-2-1

註冊及登入帳號

01

點選「For Podcasters」。

02

進入「SoundOn for Podcasters」頁面。

❶ 未註冊者點選「馬上註冊」選擇註冊帳號。【註：步驟請參考 4-2-1-1 註冊帳號 P.186。】

❷ 已有帳號者可點選「登入」。【註：步驟請參考 4-2-1-2 登入帳號 P.188。】

註冊帳號

01

點選「馬上註冊」。

02

進入「註冊」頁面,輸入 Email。

03

輸入密碼。【註:系統為確保使用者無輸入錯誤,所以須輸入兩次密碼。】

04

可依個人需求選擇服務。

❶ 尚未有 Podcast 者,可點選「建立新節目」選擇創建 Podcast 節目。【註:步驟請參考 4-2-2-4 建立 Podcast P.200。】

❷ 若想更換原有的託管平台,則可點選「轉移現有節目」選擇將節目轉移到 SoundOn。【註:步驟請參考 4-2-2-3 匯入 Podcast P.195。】

❸ 若想維持原有的託管平台,且同時透過 SoundOn 進行節目數據分析,可點選「安裝數據追蹤碼並分析」選擇不更換託管平台,僅開放節目數據讓 SoundOn 分析。【註:步驟請參考 4-2-2-2 建立 Prefix P.193。】

05

選擇完服務後，將頁面下拉，選擇建立帳號或回到登入畫面。

❶ 點選「建立帳號」進入驗證 Email 頁面，跳至步驟 6。

❷ 點選「回到登入畫面」可直接登入。【註：步驟請參考 4-2-1-2 登入帳號 P.188。】

06

點選「馬上驗證」。【註：若無收到驗證信，請於一分鐘後再點選一次「馬上驗證」。】

07

至電子郵件的收件匣查看信件，並點選網址，前往通過驗證的頁面。

08

跳出「您的電子郵件地址已通過驗證」視窗，即完成 Email 驗證。

09

回到 Email 驗證的頁面，點選「C」重新整理畫面。

10

跳出「使用條款」視窗，了解 Podcast
代管授權後，點選「接受」。

11

系統自動進入「帳號設定」頁面後，可
修改登入資訊及重新設置密碼。【註：
步驟請參考 4-2-2-1 帳號設定 P.191。】

12

若沒有要修改，可點選「⌂」進入節目列
表的頁面。

4-2-1-2

登入帳號

01

點選「登入」。

02

進入登入的頁面，輸入 Email。

03

輸入密碼。

04

系統預設不在這台電腦上記住登入資
訊，若想記住，可勾選「在這台電腦
上記住登入資訊」。

05

點選「登入」。

06

系統自動跳轉至節目列表的頁面，即
完成登入操作。

♫ 4-2-1-2-1 忘記密碼

01

點選「忘記密碼」。

02

進入「忘記密碼」頁面，輸入註冊
時使用的 Email。

03

點選「重設密碼」。

04

系統顯示已將重設密碼的連結寄送到
Email。

05

至電子郵件的收件匣查看信件，並點
選網址。

06

進入「重設密碼」頁面，輸入新密碼。

07

點擊「儲存」。

08

系統顯示已變更密碼，即完成重設
密碼。

4-2-2
節目列表介面介紹

❶ 點選「帳號」系統會跳出選單，點選「登出」即可登出 SoundOn。

❷ 點選「語言」系統會跳出選單，可切換介面語言。

❸ 點選「⚙」可進入「帳號設定」頁面。【註：步驟請參考 4-2-2-1 帳號設定 P.191。】

❹ 點選「搜尋欄」輸入自己的節目名稱後，可進行搜尋。

❺ 點選「建立 Prefix」，為不更換原有的託管平台，且能擁有 SoundOn 分析節目數據的功能。【註：步驟請參考 4-2-2-2 建立 Prefix P.193。】

❻ 點選「匯入 Podcast」，可將託管平台更換為 SoundOn，並將現有的節目轉移至此。【註：步驟請參考 4-2-2-3 匯入 Podcast P.195。】

❼ 點選「建立 Podcast」，可讓尚未有 Podcast 者創建新節目。【註：步驟請參考 4-2-2-4 建立 Podcast P.200。】

4-2-2-1
帳號設定

♬ 4-2-2-1-1 修改登入 Email

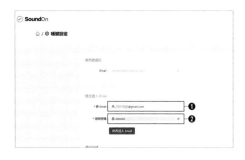

01

進入「帳號設定」頁面。

❶ 可修改登入 Email。

❷ 系統預設原定登入密碼，若用戶要更改密碼請至 P.192。另外，此處若選擇更改密碼，則無法更新 Email。

02

點選「修改登入 Email」。

03

系統顯示「Email 修改成功」，即完成
修改登入 Email。

♫ 4-2-2-1-2 重設密碼

01

輸入原有的密碼。

02

輸入新的密碼。

03

點選「重設密碼」。

04

系統顯示「重設密碼成功」，即完成
重設密碼。

建立 Prefix

　　若你的節目非透過 SoundOn 託管平台上架，就能使用 SoundOn 的數據追蹤服務，但若你想更換託管平台，則須使用「匯入 Podcast」功能。

01

點選「建立 Prefix」。

02

跳出「建立 Prefix」視窗，輸入節目的 RSS Feed。【註：以 Firstory 系統為例，查找節目的 RSS Feed，步驟請參考 4-1-6-2 手動上架 P.156。】

03

點擊「下一步」。

04

出現預覽節目的畫面，確認無誤後，點選「確認並寄發驗證碼」。

05

跳出驗證碼會寄送至電子郵件的視窗，
點選「確定」。

06

至電子郵件的收件匣，收取驗證碼的
信件。

07

輸入驗證碼。【註：系統辨別驗證碼成
功後，會自動反灰底。】

08

點選「建立」。

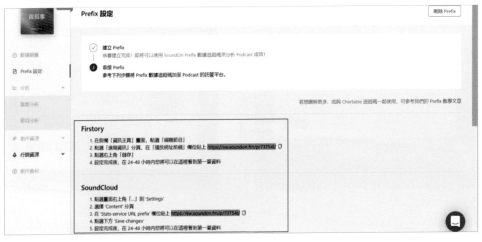

09

進入「Prefix 設定」頁面，即完成建立 Prefix。【註：連動各個託管平台數據的設定
步驟，請參考框選的區塊。】

匯入 Podcast

因平台資訊已全匯入 SoundOn，所以當原有的 Podcast 平台匯入 SoundOn 的平台時，就不能再使用「建立 Prefix」功能。

01

點選「匯入 Podcast」。【註：若已建立 Prefix，則無法再匯入 Podcast。】

02

跳出「匯入節目」視窗，可選擇 Feed URL、Youtube 的方式匯入節目。

❶ Method01 點選「從 Feed URL 匯入」。【註：步驟請參考 P.195。】

❷ Method02 點選「從 YouTube 匯入（BETA）」。【註：步驟請參考 P.196。】

Method 01 | **點選「從 Feed URL 匯入」**

M101

點選「從 Feed URL 匯入」。

M102

進入「匯入你現有的 Podcast」頁面，輸入原有節目的 RSS Feed。【註：以 Firstory 系統為例，查找節目的 RSS Feed，步驟請參考 4-1-6-2 手動上架 P.156。】

M103

點選「預覽」。

M104

頁面顯示出節目的預覽資訊，確認無誤後，點選「開始匯入」。

M105

系統顯示「檢視匯入的 Podcast」即完成匯入 Podcast，可在點選後，進入「單集列表」頁面。

Method 02 | 點選「從 YouTube 匯入（BETA）」

M201

點選「從 YouTube 匯入（BETA）」。

★ 驗證頻道

M202

跳出「從 YouTube 匯入」視窗，點選「□」，複製驗證碼至 YouTube 個人頻道裡。

M203

進入 YouTube 網站,點選「帳戶頭貼」。

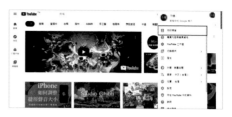

M204

跳出下拉式選單,點選「你的頻道」。

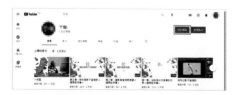

M205

進入個人頻道的頁面,點選「自訂頻道」。

M206

點選「基本資訊」。

M207

在「頻道說明」處貼上剛才複製的驗證碼。

M208

點選「發布」,儲存修改。

M209

將頁面向下拉,點選「▢」複製頻道網址連結。

M210

頁面顯示「已將連結複製到剪貼簿」即成功複製頻道網址。

M211

回到 SoundOn 頁面，至「驗證頻道」處，貼上 Youtube 頻道網址。

M212

完成驗證頻道後，點擊「下一步」。

★ 填寫資料

M213

點選「Playlists 選單」，選擇 YouTube 個人頻道的分類。

M214

跳出下拉式選單，點選「看書」。【註：可依個人需求選擇頻道的分類。】

M215

輸入節目創作者名稱。【註：可自行輸入個人名稱。】

M216

點選「∨」，選擇上架 Apple Podcast 的節目分類。

Tips：

選擇的 iTunes 分類，會在此處顯示節目的類型。

M217

跳出下拉式選單，點選「Art」。【註：
可依個人需求選擇 iTunes 的分類。】

M218

完成填寫資料後，點選「下一步」。

★ 確認匯入

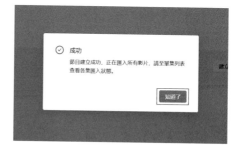

M219

點選「確認匯入」。

M220

跳出節目建立成功的視窗，點擊「知
道了」。

M221

進入「單集列表」頁面，即完成匯入 Podcast，系統會將影片檔，自動轉成音
頻檔。

建立 Podcast

01

點選「建立 Podcast」。

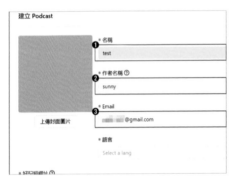

02

跳出「建立 Podcast」的視窗。

❶ 輸入節目名稱。【註：建議字數為 10 ～ 14 個全形字，較不會因標題太過冗長，被系統隱藏起來。】

❷ 輸入作者名稱。

❸ 輸入 Email。

03

點選「上傳封面圖片」。

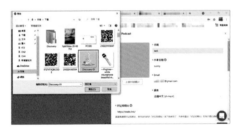

04

跳出資料夾，點選要上傳的圖片。

05

點選「開啟」。

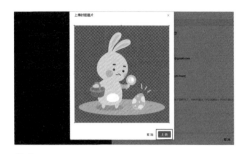

06

系統會顯示封面圖片，確認無誤後，點選「上傳」。

07

畫面顯示出封面圖，即成功上傳節目封面。

08

點選「Select a lang」選擇前台顯示給聽眾的語言。

09

跳出下拉式選單，點選「正體中文」。【註：可依個人需求選擇前台顯示給聽眾的語言。】

10

輸入自訂的短網址。【註：須為英數，且至少輸入兩字元。】

11

點選「∨」選擇上架 Apple Podcast 的單集分類。

Tips：

選擇的 iTunes 分類，會在此處顯示單集分類。

12

跳出下拉式選單，點選「Arts」。【註：可依個人需求選擇 iTunes 分類。】

13

點選「分類標籤」。

14

跳出下拉式選單，點選「Art」。【註：Podcast 平台會透過此標籤分類該節目。】

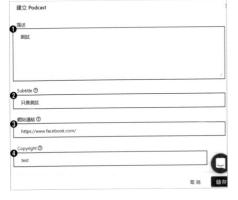

15

將畫面向下拉，輸入節目描述等資訊。

❶ 輸入節目描述。

❷ 輸入節目簡短的描述。

❸ 輸入社群平台連結。

❹ 輸入版權宣告。

16

系統預設節目不含兒童不宜的內容，若有包含，可將「兒童不宜」打勾。

17

點選「儲存」。

18

進入「單集列表」頁面，即完成建立 Podcast。

 4-2-3
新增單集

01

點選「新增單集」。

★ 單集主要資訊

02

跳出「建立單集」視窗，點選「瀏覽」上傳音檔。

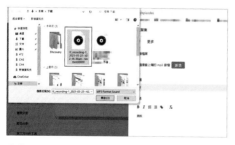

03

跳出資料夾，點選要上傳的音檔。

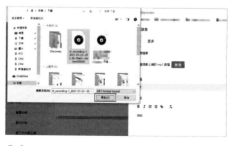

04

點選「開啟」。

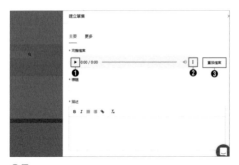

05

上傳音檔後,顯示出音檔播放列,即代表音檔上傳成功。

❶ 點選「▶」可播放音檔。

❷ 點選「:」選單可下載音檔。

❸ 點選「置換檔案」可更換音檔。

06

輸入單集標題及描述。

❶ 輸入單集標題。【註:一般字數落在 30 ~ 40 個全形字,建議將該單集的重點放上去,可加強 SEO。】

❷ 輸入單集描述。

07

可視個人需求選擇上架類型為一般單集或 SoundOn App 獨家單集。

❶ 點選「一般單集」可選擇在各個 Podcast 平台上架。

❷ 點選「SoundOn App 獨家單集」僅提供給使用 SoundOn App 的用戶聆聽,且不會上架至其他 Podcast 平台。【註:若設定該上架類型,則須 30 天過後才可更改。】

08

輸入關鍵字。【註:點選 Enter 鍵後,系統會將「podcast」反灰底,代表設定成功。】

09

輸入單集為第幾季第幾集。【註：若不想顯示，可輸入「0」。】

❶ 輸入第一集。

❷ 輸入第一季。

10

點選時間列，選擇單集發布時間。

11

可點選此刻或日期設定發布單集的時間。

❶ Method01 點選「此刻」。【註：步驟請參考 P.205。】

❷ Method02 點選日曆上預計發布的日期。【註：步驟請參考 P.206。】

Method 01 | 點選「此刻」

❶ 點選「此刻」為立即發布。

❷ 點選「確定」即完成設定單集發布的時間。

M201

點選日曆上預計發布的日期，以 2029 年 9 月 12 日下午 17:30:00 為例。

M202

可選擇點選數字或符號設定年份及月份。

A. 點選數字。

B. 點選「 >> 」。

Ⓐ 點選數字

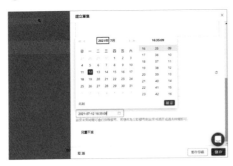

A01

點選「2021 年」。

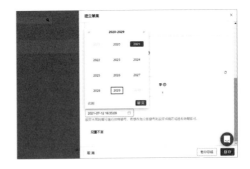

A02

跳出選擇年份的視窗，點選「2029」。

A03

系統自動跳回 A01 視窗，即完成年份
的設定。

A04

點選「7 月」。

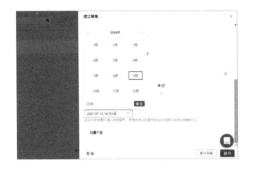

A05

跳出選擇月份的視窗，點選「9 月」。

A06

系統自動跳回 A01 視窗，即完成月份
的設定。

B 點選「 >> 」

B01

點選「>>」可跳至下一年。【註：點選
「<<」可回到去年。】

B02

連續點選八次「>>」到「2029」年，
即完成年份的設定。

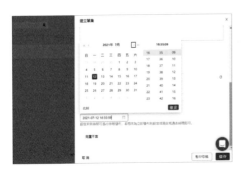

B03

點選「>」可跳至下一個月。【註：點選「<」可回到上一個月。】

B04

連續點選兩次「>」到「9月」，即完成月份的設定。

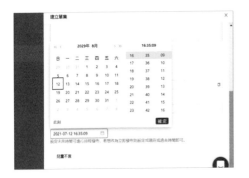

12

點選日期為「12」號。

13

點選時數為「17」點。

14

點選分鐘數為「30」分。

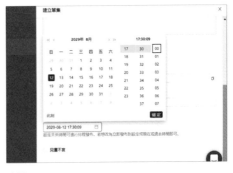

15

點選秒數為「00」秒。

16

點選「確定」即完成設定單集發布的
時間。

17

系統預設節目不含兒童不宜的內容，若
有包含，可將「兒童不宜」打勾。

★ 單集更多資訊

18

將畫面向上拉，點選「更多」。

19

輸入單集進階資訊。

❶ 輸入單集節目資訊。【註：可顯示於 iTunes
桌機版的描述上。】

❷ 輸入作者名稱。

20

可選擇單集類型為正式集數、預告或特別集數。

❶ 點選「正式集數」為一般單集。

❷ 點選「預告」通常為簡短的預告或提示。

❸ 點選「特別集數」為跳脫平常主題的特輯。

21

可選擇將單集存為草稿或立即發布。

❶ 點選「取消」可回到「單集列表」頁面。

❷ 點選「暫存草稿」可將該單集存為草稿，並跳至步驟 22，但不可發布單集。

❸ 點選「發布」，跳至步驟 22。

22

跳出確認上架類型的視窗。

❶ 系統預設上架單集都會出現該視窗的提醒，若不想顯示，可將「不再提示」打勾。

❷ 點選「取消」回到步驟 21。

❸ 點選「確認」跳至步驟 23。

23

進入「單集列表」頁面即完成新增單集。

4-2-4

發布節目

01

點選「平台發布」，顯示出「平台發布」頁面。

02

點選「⧉」可複製 RSS 網址（為 RSS Feed）。

【註：若想於其他託管平台手動上架 SoundOn，則須複製該段網址。】

03

可選擇自動或手動的方法發布節目。

❶ Method01 點選「自動上架」。【註：步驟請參考 P.212。】

❷ Method02 輸入 Podcast 平台網址。【註：步驟請參考 P.212。】

M101

點選「自動上架」。

M102

跳出系統提醒的視窗，點選「自動上架」。【註：系統提醒若之前已上架過 Spotify，請勿重複上架，以免影響後台數據。】

M103

系統顯示「上架審核中」即完成自動上架節目。【註：審核通過後，就能在 Spotify 上架節目。】

M201

若想上架至 Apple Podcast（P.228）、Google Podcasts（P.236），可在此輸入 RSS Feed。

M202

點擊「儲存」，完成手動上架節目。

4-2-5

SoundOn 後台介面介紹

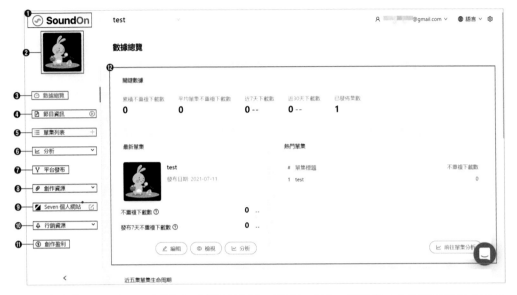

❶ 點選「SoundOn」可進入「節目列表」頁面。【註：請參考 4-2-2 節目列表介面介紹 P.191。】

❷ 點選「節目封面圖片」可回到「數據總覽」頁面。

❸ 為進入後台的首頁，可查看單集下載數據及數據分析。【註：請參考 4-2-5-1「數據總覽」介面介紹 P.214。】

❹ 點選「節目資訊」可編輯、刪除節目資訊。【註：請參考 4-2-5-2「節目資訊」介面介紹 P.215。】

❺ 點選「單集列表」可編輯、刪除單集資訊。【註：請參考 4-2-5-3「單集列表」介面介紹 P.217。】

❻ 點選「分析」可查看單集、節目的數據分析，及添加第三方分析工具。【註：請參考 4-2-5-4「分析」介面介紹 P.217。】

❼ 點選「平台發布」可選擇自動發布、手動上架節目。【註：步驟請參考 4-2-4 發布節目 P.211。】

❽ 點選「創作資源」可查看 SoundOn 提供的錄音室租借、片頭設計、音效的資源。【註：請參考 4-2-5-5「創作資源」介面介紹 P.219。】

❾ 點選「Seven 個人網站」可在此建立社群、其他 Podcast 平台的連結。【註：步驟請參考 4-2-5-6 建立 Seven 個人網站 P.220。】

ⓘ 點選「行銷資源」可查看 SoundOn 提供的節目行銷資源、選擇播放器圖示。
【註：請參考 4-2-5-7「行銷資源」介面介紹 P.223。】

ⓙ 點選「創作盈利」可設定聽眾贊助。【註：步驟請參考 4-2-5-8 申請創作盈利 P.224。】

ⓚ 為進入後台的首頁介面。【註：請參考 4-2-5-1「數據總覽」介面介紹 P.214。】

4-2-5-1

「數據總覽」介面介紹

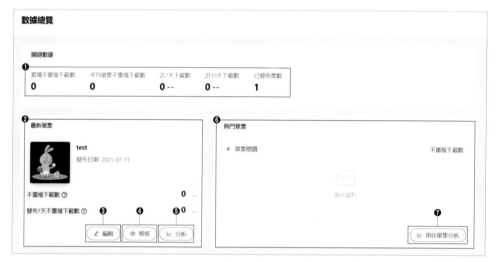

❶ 此處可查看重複下載、每人下載一次、最近七天和三十天的下載數據，及已發
布的集數。

❷ 此處可查看最新發布的單集中每人下載一次和發布一週後的下載數據。

❸ 點選「編輯」可進入編輯單集的頁面。【註：請參考 4-2-5-3「單集列表」介面介
紹 P.217。】

❹ 點選「檢視」可進入個人網頁的頁面。

❺ 點選「分析」可查看所有平台及 SoundOn App 的單集數據分析。【註：請參考
4-2-5-4-1「單集分析」介面介紹 P.218。】

❻ 此處可查看熱門單集中每人下載一次的數據。

❼ 點選「前往單集分析」可進入「單集分析」頁面。【註：請參考 4-2-5-4-1「單集分析」
介面介紹 P.218。】

❽ 此處可查看近五集中每人下載一次的數據。

❾ 此處可查看收聽 Podcast 的熱門地區與時段。

❿ 點選「前往節目分析」可查看所有平台、SoundOn App 及 Spotify 的節目數據分析。【註：請參考 4-2-5-4-2「節目分析」介面介紹 P.218。】

⓫ 此處可查看 Spotify 的聽眾年齡占比與性別占比。

⓬ 點選「連結 Spotify」可進入串連 Spotify 數據的說明頁面。【註：若已將節目自動上架至 Spotify，則可在 SoundOn 串連數據分析。】

4-2-5-2

「節目資訊」介面介紹

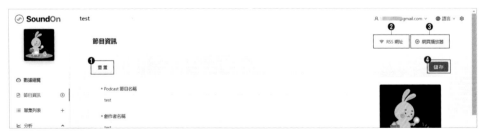

❶ 點選「重置」可一次刪除輸入的節目資訊。

❷ 點選「RSS 網址」可開啟、複製該連結。

❸ 點選「網頁播放器」可開啟、複製一般或短網址的連結。

❹ 點選「儲存」可儲存目前修改的節目資訊。

❺ 此處可編輯之前設定的節目資訊。【註：步驟請參考 4-2-2-4 建立 Podcast P.200。】

❻ 系統預設不加入 SoundOn 文字在節目描述中， 若想加入， 可將「加入 SoundOn 文字在您描述中，協助 SoundOn 的推廣？」打勾加入。

❼ 可自行輸入個人社群平台等連結。

❽ 若想轉移 iTunes Podcast Connect 所有節目，則須在此輸入驗證碼。

❾ 點選「刪除節目」可移除該節目。【註：若刪除該節目，則無法復原。】

「單集列表」介面介紹

❶ 輸入單集名稱，可進行搜尋。

❷ 點選「新增單集」。【註：步驟請參考 4-2-3 新增單集 P.203。】

❸ 點選後可編輯單集內容。【註：步驟請參考 4-2-3 新增單集 P.203。】

❹ 點選「⊘」可開啟、複製一般或短網址的連結。

「分析」介面介紹

點選「分析」可查看單集、節目的分析數據，及添加第三方的分析數據。

❶ 點選「單集分析」可查看所有平台及使用 SoundOn App 的單集收聽數據分析。【註：請參考 4-2-5-4-1「單集分析」介面介紹 P.218。】

❷ 點選「節目分析」可查看所有平台、使用 SoundOn App、Spotify 平台的節目數據分析。【註：請參考 4-2-5-4-2「節目分析」介面介紹 P.218。】

❸ 點選「第三方分析工具」可查看取得其他平台的數據追蹤碼說明。

♬ 4-2-5-4-1「單集分析」介面介紹

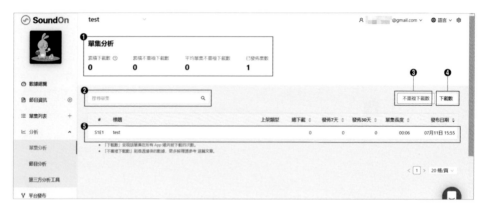

① 此處可查看截至目前為止，聽眾的單集下載數據，而單集分析數據可查看此處。

② 輸入單集名稱，可進行搜尋。

③ 點選「不重複下載數」可查看每人下載一次的單集數據。

④ 點選「下載數」可查看單集總下載數據。

⑤ 點選「標題列」可查看所有平台及使用 SoundOn App 的收聽數據分析。

♬ 4-2-5-4-2「節目分析」介面介紹

可查看在所有平台、使用 SoundOn App、Spotify 收聽的節目數據分析。

① 點選「綜合平台數據」可查看所有平台的總下載量、分析收聽 App 與平台的占比、聽眾分布的區域、熱門收聽時段等數據分析。

② 點選「SoundOn App 數據」可查看使用 App 收聽的播放數、收聽超過三十秒，以及訂閱節目等數據分析。

③ 點選「Spotify 數據」可查看使用 Spotify 收聽的聽眾性別、年齡占比等數據分析。

「創作資源」介面介紹

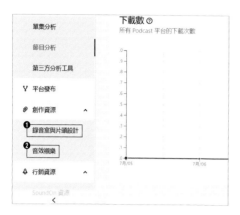

點選「創作資源」可查看錄音室租借、片頭設計、音效配樂的資訊。

❶ 點選「錄音室與片頭設計」可查看錄音室的租借及片頭製作相關資訊。【註：請參考 4-2-5-5-1「錄音室與片頭設計」介面介紹 P.219。】

❷ 點選「音效襯樂」可進入音效配樂的頁面。【註：請參考 4-2-5-5-2「音效襯樂」介面介紹 P.220。】

♬ 4-2-5-5-1「錄音室與片頭設計」介面介紹

❶ 點選「立即預約」可進入錄音室租借資訊的頁面。

❷ 點選「前往 artists-co.com 瞭解」可進入片頭設計的諮詢頁面。

♫ 4-2-5-5-2「音效襯樂」介面介紹

點選後可前往音樂網站。【註：若版權規範中有提及標註創作者，則須在節目或單集的描述中註明創作者。】

建立 Seven 個人網站

01

進入登入、註冊的頁面，點選「註冊」。
【註：此處無法以 SoundOn 帳號登入，若用戶為初次使用，則須註冊帳號。】

02

輸入 Email。

03

輸入密碼。

04

點選「 Ø 」可查看輸入的密碼。

05

再次輸入密碼。【註：系統為確保使用
者無輸入錯誤，所以須再輸入一次。】

06

點選「註冊」。

07

系統顯示須驗證用戶的 Email。

08

點選「寄送驗證信至您的信箱」。

09

系統顯示已成功寄出 Email 驗證信。

10

至電子郵件的收件匣點選連結，以驗證電子郵件地址。

11

系統顯示電子郵件地址已通過驗證，點選「繼續」。

12

輸入使用者名稱。【註：須輸入三個以上的英數或輸入下底線。】

13

可選擇繼續設定註冊資訊或登出。

❶ 點選「設定」，跳至步驟 14。

❷ 點選「登出」，回到步驟 1。

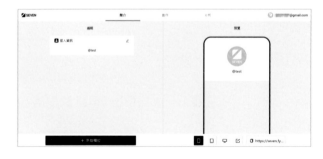

14

進入「SEVEN」頁面，即完成建立 Seven 個人網站。

「行銷資源」介面介紹

點選「行銷資源」可查看 SoundOn 提供節目行銷的方法。

❶ 點選「SoundOn 資源」可了解 SoundOn 宣傳節目的管道。【註:請參考 4-2-5-7-1「SoundOn 資源」介面介紹 P.223。】

❷ 點選「播放器圖示」可使用其他 Podcast 播放器圖示。【註:請參考 4-2-5-7-2「播放器圖示」介面介紹 P.224。】

♫ 4-2-5-7-1「SoundOn 資源」介面介紹

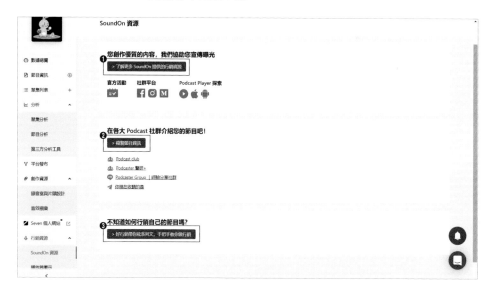

❶ 點選「了解更多 SoundOn 提供的行銷資源」可進入 SoundOn 宣傳節目方法的頁面。

❷ 點選「複製節目資訊」可複製介紹節目的範例。

❸ 點選「好行銷帶你飛系列文,手把手教你做行銷」可進入 SoundOn 行銷說明的頁面。

♬ 4-2-5-7-2「播放器圖示」介面介紹

點選「下載」可下載 Podcast App 的播放器圖示。

4-2-5-8

申請創作盈利

01

查看聽眾贊助的資訊。

❶「贊助連結」為系統預設進入頁面,可 跳至步驟 2,設定聽眾贊助。

❷ 點選「我的進帳」可查看入帳紀錄。

❸ 點選「我的錢包」可查看扣除第三方 手續費的實際入帳金額。

同意服務條款

創作者開啟此功能後,SoundOn 將會為每位創作者設立個人化網站, 的是,SoundOn 將不會在這功能上抽取任何費用(也就是抽取 0%!

註:如粉絲/聽眾付款的渠道是有收費的,這些費用將是由付款渠道所 絲/聽眾所贊助的費用和創作者實際收到費用會有些許落差,此落差為

同意並繼續

02

點選「同意並繼續」。

03

系統預設不啟用贊助連結，若想啟用，可
將「啟用贊助連結」打勾。

04

系統預設不在 SoundOn 平台顯示贊助按
鈕，若想顯示，可將「SoundOn 平台顯示
贊助按鈕」打勾。

05

輸入贊助金額。【註：贊助金額的設定不可
低於 50 元。】

06

系統預設為一種贊助金額，若想設定更多
金額選項，可點選「更多金額選項」，則
能再設定兩種金額。

07

系統預設不開放粉絲自訂金額，若想開放，
可將「開放粉絲自訂金額」打勾。

08

輸入贊助頁面的標題。

09

點選「儲存」即完成設定聽眾贊助。

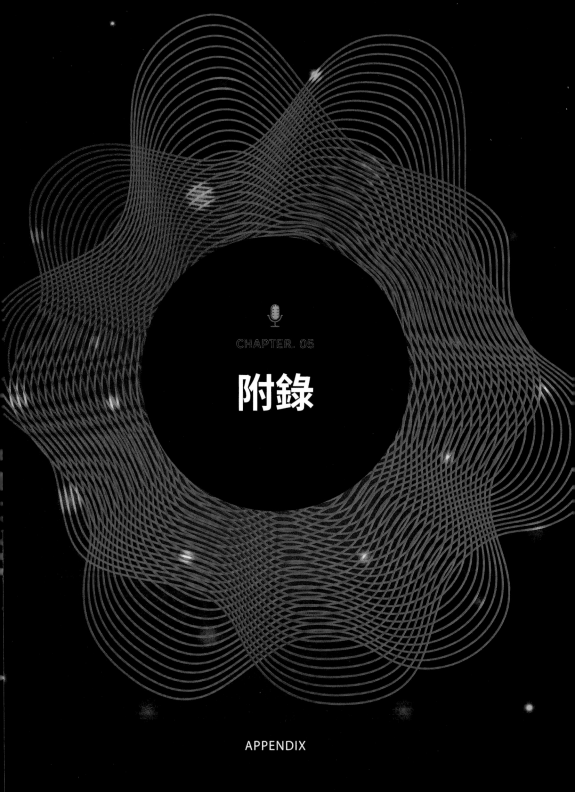

CHAPTER. 05

附錄

APPENDIX

5-1-1

上架 Apple Podcast

登入 Apple
Podcast Connect
網站 QRcode

5·1·1·1

登入 Apple Podcast Connect

01

輸入「https://podcastsconnect.apple.
com/login」進入 Apple Podcast Connect
登入頁面。

02

輸入 Apple ID。

03

點選「」。

04

輸入密碼。

05

將「記住我的 Apple ID」打勾。【註：
若無須記住，則不用點選。】

06

點選「」，系統會發送驗證碼至用戶
綁定的 Apple 手機。

07

輸入驗證碼後，系統自動跳轉至「設
定帳號」頁面。

08

輸入帳號名稱。

09

可視個人狀態選擇帳號類型為公司或
是個人。

10

將「我已閱讀並同意此服務條款」打勾。
【註：若不點選，則無法進行下一步。】

11

點選「儲存」，進入提交 RSS Feed 頁面。

♬ 5-1-1-1-1 忘記密碼

01

點選「忘記 Apple ID 或密碼？」進
入 Apple ID 頁面。

02

輸入 Apple ID。

03

點選「繼續」，進入輸入電話號碼的
頁面。

04

輸入電話號碼。

05

點選「繼續」後，畫面會跳至手機端，
請用戶至手機接續設定。

06

手機跳出詢問小視
窗後，點選「Allow」
允許更改密碼。

07

進入「新 Apple ID 密
碼」的介面。

❶ 輸入新密碼。【註：
不可含三個連續相
同的字元。】

❷ 再次輸入密碼。

08

點選「下一步」。

09

介面顯示密碼已更
改，點擊「完成」，
即完成重置密碼。

♫ 5-1-1-1-2 忘記 Apple ID

01

點選「忘記 Apple ID 或密碼？」，進入 Apple ID 頁面。

02

點選「查詢 Apple ID」。

03

進入尋找 Apple ID 的頁面。

❶ 輸入姓氏。

❷ 輸入名字。

❸ 輸入電子郵件。

❹ 點擊「繼續」。

04

畫面顯示找到 Apple ID，點選「前往您的帳號」，系統將自動導向 Apple 官方頁面。

提交 RSS Feed

01

登入後,須先新增節目。

① Method 01 點選「新增節目」,進入新增節目頁面。

② Method 02 點選「⊕」選單,跳至步驟 2。

02

出現下拉式選單,點選「新節目」,進入新增節目頁面。

♫ 5-1-1-2-1 新增節目

01

點選「新增現有節目」。

02

輸入 RSS Feed。

03

系統預設允許公開存取節目權限,若不允許,可取消勾選,以關閉存取權限。

04

選擇使用者存取權限。

❶ 系統預設授予所有擁有存取權的管理者，管理該節目。

❷ 點選「選擇具備存取權的使用者」，系統會將主要管理者自動代入，其他使用者須輸入 Email 代入。

05

點選「新增」。

06

進入「節目資訊」頁面，點選「提交以供審查」。

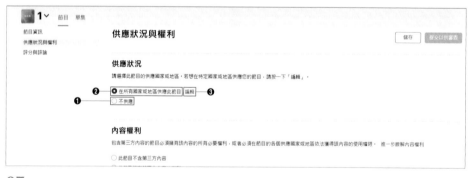

07

進入「供應狀況與權利」頁面，選擇節目供應狀況。

❶ 點選「不供應」，不允許其他國家、地區的人看到此節目。【註：若要提升知名度，則不建議選擇此項。】

❷ 系統預設在所有國家或地區供應此節目。

❸ 若想在特定的國家或地區供應此節目，可點選「編輯」選擇其他國家或地區。

08

節目內容權利設定。

❶ 系統預設此節目不含第三方內容，音頻中無版權問題。

❷ 點選「此節目擁有第三方內容的權利」，音頻中含已申請的版權資訊。【註：為無觸犯內容侵權、知識產權等侵權問題。】

09

選擇公開節目的時間。

❶ 系統預設節目發布後立即公開。

❷ 點選「於以下時間公開節目」由官方決定公開時間。【註：用戶無法自行更改時間。】

10

點選「儲存」，回到「節目資訊」的頁面。

11

將頁面往下拉，點選「∨」，選擇更新頻率。

12

跳出下拉式選單，點選「每月」。【註：可依照個人需求選擇。】

13

將頁面往上拉，點選「儲存」，即完成新增節目。【註：若未點選儲存則無法進行下一步驟。】

14

點選「提交以供審查」，完成提交 RSS Feed。

【註：因皆為真人審查，所以須等 3 ～ 5 個工作天。】

5-1-2 上架 Google Podcasts

登入 Google 播客管理工具網站畫面 QRcode

5-1-2-1
提交 RSS Feed

只須提交一次即可永久上架，但若是為新增節目（指非單集節目，為新的節目），則須再提交 RSS Feed。

♫ 5-1-2-1-1 登入 Google Podcasts

01

輸入「https://podcastsmanager.google.com/about?hl=en」，前往 Google 播客管理工具頁面。

02

可從以下兩種路徑登入 Google Podcasts。

❶ 點選「Sign in」。

❷ 點選「Start now」。

03

輸入 google 帳號。

04

點選「next」。

05

輸入密碼。

06

點選「next」。

07

輸入 RSS Feed。【註：取得 RSS Feed 步驟
可參考 4-1-6-2 Firstory 平台手動上架 P.156、
4-2-4 SoundOn 平台發布節目 P.211。】

08

點選「下一步」。

09

系統顯示節目預覽畫面，供用戶確認
上架畫面。

10

將頁面往下拉，確認節目資訊無誤後，點選「下一步」。

11

點選「發送代碼」系統將會寄送驗證碼至你的 Email。

12

至電子郵件的收件匣收取驗證碼的信件。

13

進入輸入驗證碼的頁面。

❶ 輸入驗證碼。

❷ 若沒有收到驗證碼，可點選「發送新驗證碼」，系統會再重寄一次。

14

點選「提交」後，完成提交 RSS Feed。【註：須前往 PubSubHubbub 頁面申請節目上架，步驟可參考 5-1-2-2 申請節目上架 P.239。】

15

系統顯示已將節目提交至 Google 的播客索引。【註：點選「開始」可查看後台收聽數據。】

申請節目上架

PubSubHubbub
網站 QRcode

01

輸入 RSS Feed。

02

點選「Publish」後，完成申請上架。【註：因為 Google 是用演算法搜尋節目，所以沒有固定的審核時間。】

使用者收聽

User Listening

5-2-1

Apple Podcast 介面介紹

　　僅限 iOS 用戶使用，使用時可直接點選，不需要額外登入，以下做簡易介面説明。

01

點選「Podcast」進入
APP 首頁。

02

點選首頁下方圖示，可進入不同介面。

❶ 點選「立即聆聽」，為進入時的介面。【註：請參考 5-2-1-1「立即聆聽」介面介紹 P.241。】

❷ 點選「瀏覽」可進入瀏覽節目的介面。【註：請參考 5-2-1-2「瀏覽」介面介紹 P.242。】

❸ 點選「資料庫」可查看訂閲的節目、更新的單集、已下載的單集。【註：請參考 5-2-1-3「資料庫」介面介紹 P.243。】

④ 點選「搜尋」可搜尋節目、單集、主持人的關鍵字，以及搜尋資料庫的內容。
【註：請參考 5-2-1-4「搜尋」介面介紹 P.248。】

5-2-1-1

「立即聆聽」介面介紹

❶ 點選「⑨」可更改 Apple 帳號相關的設定、設定推播通知、登出帳號。【註：請參考 5-2-1-1-1「⑨」介面介紹 P.241。】

❷ 點選「待播清單」可收聽已更新的單集。

❸ 點選「顯示全部」可查看已訂閱節目的最新單集。

❹ 點選「最新單集」可收聽該單集。

❺ 點選播放列，可收聽該單集。

❻ 點選「…」可檢舉不當、拷貝連結、分享該單集、將該單集標示為已播放、儲存該單集、最後播放或插播該單集、前往節目介面、下載該單集。

♫ 5-2-1-1-1「⑨」介面介紹

❶ 點選「通知」可設定訂閱節目推出新單集的通知。【註：請參考「通知」介面介紹 P.242。】

❷ 點選「登出」即可登出 Apple Podcast。

◈「通知」介面介紹

❶ 系統預設訂閱節目更新單集時，開啟推播通知，
若不接收通知，可點選「⚫️」取消推播通知。

❷ 點選「完成」即完成推播通知的設定。

5·2·1·2

「瀏覽」介面介紹

可依據類別選擇想聆聽的節目。

「資料庫」介面介紹

❶ 點選「 ⋯ 」選單，可新增電台、透過 URL 訂閱節目、編輯資料庫。【註：請參考 5-2-1-3-1「 ⋯ 」選單介面介紹 P.243。】

❷ 點選「最新單集」進入還未播放單集的介面。【註：請參考 5-2-1-3-3「最新單集」介面介紹 P.246。】

❸ 點選「已下載」進入已下載單集的介面。【註：請參考 5-2-1-3-4「已下載」介面介紹 P.247。】

❹ 點選「節目」進入訂閱節目的介面。

❺ 點選「已儲存」進入已儲存單集的介面。

❻ 點選「最近更新的節目」可進入該節目介面。【註：請參考 5-2-1-3-2「節目」介面介紹 P.245。】

♫ 5-2-1-3-1「 ⋯ 」選單介面介紹

❶ 點選「新增電台」可新增個人播放清單，並以節目類別進行歸類。【註：步驟請參考「新增電台」方式 P.243。】

❷ 點選「透過 URL 新增節目」可輸入 RSS Feed 訂閱節目。

❸ 點選「編輯資料庫」可移動或移除資料庫內的欄位。【註：步驟請參考「編輯資料庫」方式 P.244。】

◈「新增電台」方式

01

跳出「新增電台」視窗。

❶ 輸入電台名稱。

❷ 點選「儲存」。

02

進入「電台設定」介面。

❶ 點選「心理」可進入該電台查看新增的單集。

❷ 點選反灰底的「心理」可重新命名電台名稱。

❸ 點選「⊗」可刪除電台名稱。

❹ 點選「手動節目」可設定播放順序。

❺ 系統預設不按照節目分類，若想按照，可點選「◯」按照系統預設分類。

❻ 點選「最新單集」可選擇最新 2 至 10 集，或包含所有集數。

❼ 點選「全部」可選擇包含音訊、影片，或是全部的媒體類型。

❽ 系統預設只包含未播放的單集，若不包含，可點選「◯」為包含已播放的單集。

❾ 點選「0／3」可選擇新增已訂閱的節目。

❿ 點選「刪除電台」可移除該電台。

◈「編輯資料庫」方式

❶ 點選「完成」可回到「資料庫」介面。

❷ 點選「✔」可移除最新單集欄位。

❸ 按壓住「☰」可上下移動最新單集欄位。

❹ 點選「⊖」可移除該電台。

♬ 5-2-1-3-2「節目」介面介紹

❶ 點選「〈」可回到「資料庫」介面。

❷ 點選「✔」選單，可取消追蹤該節目、關閉自動下載的功能。

❸ 點選「…」選單，可取消追蹤該節目、設定收聽 Podcast 的偏好模式、插播或最後播放該單集、隱藏已播放的單集、將全部單集標示為已播放、移除下載項目、分享節目、拷貝連結、檢舉不當。【註：請參考「…」選單介面介紹 P.246。】

❹ 點選「繼續」可繼續播放單集內容。

❺ 點選單集名稱，可進入該單集介面。

❻ 點選單集播放列，可播放或暫停該單集。

❼ 點選「…」選單可檢舉不當、拷貝連結、分享單集、將單集標示為未播放、儲存單集、最後播放或插播單集、下載單集。

❽ 點選「☆☆☆☆☆」聽眾可為節目評分。【註：滿分為五顆星。】

❾ 點選「撰寫評論」聽眾可輸入收聽後的評論。

❿ 點選「節目名稱」可進入該節目的網站。

◈「…」選單介面介紹

❶ 點選「取消追蹤」可取消追蹤該節目。

❷ 點選「設定」可設定收聽 Podcast 的偏好模式。

❸ 點選「插播」可插播節目所有單集。

❹ 點選「隱藏已播放的單集」隱藏收聽過的單集。

❺ 點選「將全部標示為已播放」可將節目所有的單集標示為已播放。

❻ 點選「移除下載項目」可移除該節目中已下載的單集。

❼ 點選「分享節目」可選擇分享節目的方式。

❽ 點選「拷貝連結」可複製節目連結。

❾ 點選「檢舉不當」可檢舉該節目。

♫ 5-2-1-3-3「最新單集」介面介紹

❶ 點選「資料庫」可回到「資料庫」介面。

❷ 點選「 ⋯ 」可選擇隱藏已播放的單集、可依照時間的新舊排序單集,並可選擇顯示一週內、兩週內、一個月或全部的單集。

❸ 點選「單集封面」、「單集名稱」可進入該單集介面。

❹ 點選「 ▶ 」可播放或暫停單集。

❺ 點選「…」可下載該單集、前往節目介面、插播或最後播放該單集、儲存單集、將該單集標示為已播放、分享該單集、拷貝連結、檢舉不當。

❻ 點選「單集播放器」可進入單集播放介面。【註:請參考單集播放介面介紹 P.247。】

◈ 單集播放介面介紹

❶ 點選「●」可任意拖曳單集播放的時間軸。

❷ 點選「⑮」可往前 15 秒播放單集內容。

❸ 點選「▶」可播放或暫停單集內容。

❹ 點選「㉚」可往後 30 秒播放單集內容。

❺ 點選「○」可透過左右拖曳調整收聽的音量。

❻ 點選「1 倍」可選擇倍速播放單集。

❼ 點選「◎」可從 iPhone 裝置串流到 Apple TV 相容的智慧型電視。

❽ 點選「…」可分享、下載、從資料庫中刪除單集、前往節目、插播或最後播放單集，儲存單集、標示為已播放、拷貝連結。

♫ 5-2-1-3-4「已下載」介面介紹

❶ 點選「資料庫」可回到「資料庫」介面。

❷ 點選「…」可依下載日期、發布日期，或依節目分類排序單集。

❸ 點選「節目封面」可查看已下載的所有單集。

「搜尋」介面介紹

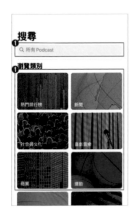

❶ 點選「搜索欄」可利用關鍵字搜尋節目、單集、Podcaster。

❷ 點選「瀏覽類別」，可查看該類別的所有節目。

 5-2-2

Google Podcasts 介面介紹

登入 Google Podcasts

01
點 選「Google Podcasts」進入 APP 首頁。

02
點選「SIGN IN」。

【註：須登入 Google Podcasts 才可收聽。】

03
輸入帳號。

04

點選「繼續」。

05

輸入密碼。

06

點選「繼續」,系統
將自動跳轉至「首頁」
介面。

07

點選首頁下方圖示,可進入不同介面。

❶ 點選「首頁」,為進入時的介面。【註:5-2-2-2「首頁」
介面介紹 P.250。】

❷ 點選「探索」可搜尋節目、單集、Podcaster 的關鍵字。
【註:5-2-2-3「探索」介面介紹 P.253。】

❸ 點選「活動」可查看待播清單、已下載的單集、收聽紀錄、
訂閱節目的資訊。【註:5-2-2-4「活動」介面介紹 P.254。】

「首頁」介面介紹

❶ 點選「🔊」可串連至 AirPlay 和藍芽裝置。

❷ 點選「頭貼」可設定收聽 Podcast 的偏好模式。【註:請參考 5-2-2-2-1「Podcasts 設定」介面介紹 P.250。】

❸ 點選「+」可訂閱節目。

❹ 點選「節目名稱」可前往該節目介面。【註:請參考 5-2-2-2-2 節目介面介紹 P.251。】

❺ 點選「 ⏵ 30分鐘 」可播放或暫停 Podcast。

❻ 點選「☰+」可將單集加入待播放清單內。

❼ 點選「⬇」可下載該單集。

❽ 點選「單集描述」可前往該單集介面。【註:請參考 5-2-2-2-3 單集介面介紹 P.252。】

♫ 5-2-2-2-1「Podcasts 設定」介面介紹

01

跳出帳戶設定的小視窗,點選「Podcasts 設定」。

02

❶ 點選「自動下載」可設定自動下載的時候。

❷ 點選「移除聽完的節目」可設定 24 小時後、7 天後，或永遠不移除聽完的節目。

❸ 點選「移除尚未聽完的集數」可設定 30 天後、90 天後，或永遠不移除聽完的單集。

❹ 點選「訂閱內容有新集數」可選擇是否開啟訂閱內容的推播通知。

❺ 系統預設顯示個人化推薦內容，若不顯示，可點選「⬛」關閉該功能。

❻ 系統預設自動播放待播節目，若不播放，可點選「⬤」關閉該功能。

♬ **5-2-2-2-2 節目介面介紹**

❶ 點選「…」選單，可設定收聽 Podcast 的偏好模式。【註：請參考 5-2-2-2-1「Podcasts 設定」介面介紹 P.250。】

❷ 點選「已訂閱」可選擇是否自動下載最新節目、接收新劇集通知、取消訂閱。【註：請參考「已訂閱」介面介紹 P.252。】

❸ 點選「🌐」可前往該 Podcaster 的個人網站。

❹ 點選「🔗」可選擇不同的方式分享節目。

❺ 為該節目的描述。

❻ 點選「↕」可依發布時間的排序呈現單集。

❼ 點選「 ⊙26分鐘 」可播放或暫停單集。

❽ 點選「≣+」可新增至待播清單。

❾ 點選「⊕」可下載該單集。

❿ 點選「單集標題」可進入該單集介面。【註：請參考 5-2-2-2-3 單集介面介紹 P.252。】

⓫ 點選「⬤」可移除下載的單集。

◈ 「已訂閱」介面介紹

❶ 系統預設自動下載最新節目，若不想自動下載，可點選「⬤」取消該功能。

❷ 系統預設開啟新劇集通知，若想關閉，可點選「⬤」取消該功能。

❸ 點選「取消訂閱」即可取消訂閱該節目。

♫ 5-2-2-2-3 單集介面介紹

❶ 點選「⋯」選單，可下載節目、將節目標示為已播放，以及設定收聽 Podcast 的偏好模式。【註：請參考 5-2-2-2-1「Podcasts 設定」介面介紹 P.250。】

❷ 點選「⊙29分鐘」可播放或暫停該單集。【註：播放按鈕上會顯示單集剩餘時間。】

❸ 點選「⬇」可下載該單集。

❹ 點選「🌐」可前往該 Podcaster 的個人網站。

❺ 點選「⬆」可選擇不同的方式分享節目。

❻ 點選「00:17」可至該時間點收聽單集內容。

❼ 點選「單集播放器」可進入單集播放介面。【註：請參考單集播放介面介紹 P.253。】

◈ 單集播放介面介紹

① 點選「●」可左右拖曳單集播放的時間軸。

② 點選「☰▸」可查看待播清單。

③ 點選「⑩」可往前 10 秒播放單集內容。

④ 點選「▶」可播放或暫停單集。

⑤ 點選「㉚」可往後 30 秒播放單集內容。

⑥ 點選「♡」系統會向用戶推薦類似節目。

⑦ 點選「1.0x」可選擇倍速播放單集。

⑧ 點選「🌙」可設定睡眠計時器。

⑨ 點選「🔊」可選擇在 AirPlay 和藍芽裝置播放節目。

⑩ 點選「…」可選擇顯示更多類似內容、較少類似內容、分享該單集，以及標示為已播放。

「探索」介面介紹

① 點選「搜尋」可利用關鍵字搜尋節目、單集、Podcaster。

② 點選「＋」可訂閱該節目。

「活動」介面介紹

❶ 點選「你的待播清單」為進入時的介面,可查看、編輯裡面的單集。【註:請參考 5-2-2-4-1「你的待播清單」介面介紹 P.254。】

❷ 點選「下載項目」可查看、編輯已下載的單集。【註:請參考 5-2-2-4-2「下載項目」介面介紹 P.255。】

❸ 點選「記錄」可查看、下載收聽過的單集。【註:請參考 5-2-2-4-3「記錄」介面介紹 P.255。】

❹ 點選「訂閱」可查看已訂閱節目,及能透過 RSS Feed 訂閱其他節目。【註:請參考 5-2-2-4-4「訂閱」介面介紹 P.255。】

♫ 5-2-2-4-1「你的待播清單」介面介紹

❶ 點選「◣」可串連至 AirPlay 和藍芽裝置。

❷ 點選「⋯」可清除待播清單,及設定收聽 Podcast 的偏好模式。【註:請參考 5-2-2-2-1「Podcasts 設定」介面介紹 P.250。】

❸ 點選「⊙23分鐘」可播放或暫停單集。【註:按鈕上會顯示單集總時長。】

❹ 點選「≡✓」可從待播清單內移除。

❺ 點選「⊕」可下載該單集。

❻ 按壓住「=」可上下移動單集位置。

❶ 點選「🔛」可串連至 AirPlay 和藍芽裝置。

❷ 點選「…」可選擇移除所有下載項目、已播放的單集、超過 7 天未播放的單集，以及設定收聽 Podcast 的偏好模式。【註：請參考 5-2-2-2-1「Podcasts 設定」介面介紹 P.250。】

❸ 點選「 ⊙30分鐘 」播放或暫停單集。【註：按鈕上會顯示單集總時長。】

❹ 點選「☰➕」可將單集加入待播清單。

❺ 點選「⬇」可移除下載內容。

♫ 5-2-2-4-3「記錄」介面介紹

❶ 點選「🔛」可串連至 AirPlay 和藍芽裝置。

❷ 點選「…」可設定收聽 Podcast 的偏好模式，及提供意見給 Google Podcasts。【註：請參考 5-2-2-2-1「Podcasts 設定」介面介紹 P.250。】

❸ 顯示單集的時間長度還剩 11 分鐘。點選「 ⊙剩餘時間：11分鐘 」可播放或暫停單集。

❹ 點選「☰➕」可將單集加入待播清單內，點選「☰✓」可從待播清單內移除。

❺ 點選「⬇」可下載該單集。

♫ 5-2-2-4-4「訂閱」介面介紹

❶ 點選「🔛」可串連至 AirPlay 和藍芽裝置。

❷ 點選「…」可透過 RSS Feed 訂閱節目，並設定收聽 Podcast 的偏好模式。【註：請參考 5-2-2-2-1「Podcasts 設定」介面介紹 P.250。】

❸ 點選「訂閱節目」可進入該節目的介面。【註：請參考 5-2-2-2-2 節目介面介紹 P.251。】

Firstory 介面介紹

以 Email 註冊帳號

01

點選「Email 註冊」。

02

進入註冊介面,輸入
使用者的暱稱。

03

輸入電子信箱。

04

輸入密碼。

05

點選「⊙」。

06

系統預設介面語言為
中文,若想更改,可
點選「中文」切換為
其他語言。

08

可選擇自己上傳或是維持系統預設的大頭照。

❶ 點選「略過」維持系統預設的大頭照，跳至步驟 14。

❷ 點選「選擇一張大頭照」，跳至步驟 9。

07

點選「」。

10

跳出允許取用照片權限的介面，點選「允許取用所有照片」。【註：可依個人需求選擇不同的權限，若點選「不允許」則無法從相簿中取得大頭貼照。】

09

點選「從相簿選擇」。
【註：若想直接拍照當大頭貼照，則可點選「拍照」。】

11

進入「Photos」介面，
點選「最近項目」。

12

選擇想要設為大頭照
的照片。

13

點選「確定」。

14

點選「完成！」即完成設定大頭照，系統將自動
跳轉至 Firstory 首頁介面。

登入 Firstory

02

進入 APP 登入及註冊畫面。

❶ **Method01** 點選「Facebook 登入」。
【註:步驟請參考 P.259。】

❷ **Method02** 點選「Apple 登入」。【註:
步驟請參考 P.261。】

❸ **Method03** 點選「按此登入」。【註:
步驟請參考 P.261。】

01

點選「Firstory」。

Method 01 | 點選「Facebook登入」

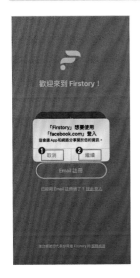

M101

跳出允許使用 Facebook
登入 Firstory 的介面。

❶ 點選「取消」回到步
驟 2。

❷ 點選「繼續」跳至步
驟 M102。

M102

進入登入 Facebook
介面,輸入帳號。

M104

點選「登入」。

M103

輸入密碼。

M105

系統詢問是否讓 Firstory 存取 Facebook 的電子郵件地址,點選「以晴的身分繼續」。【註:若點選「取消」則無法登入。】

M106

系統會自動跳轉至 Firstory 首頁。

M201

跳出「登入」介面，
點選「繼續」。

M202

點選「使用密碼繼續」。

M203

輸入密碼後，系統將
自動跳轉至 Firstory
首頁介面。

Method 03 | 點選「按此登入」

M301

進入登入介面，輸入
電子信箱。

M302

輸入密碼。

M303

點選「登入」，系統
會自動跳轉至 Firstory
首頁。

03

點選首頁下方圖示可進入不同介面。

❶ 點選「⌂」可搜尋節目、查看節目及節目分類。【註：請參考 5-2-3-3「⌂」介面介紹 P.262。】

❷ 點選「⑊」可查看追蹤的節目，以及節目更新的單集內容。【註：請參考 5-2-3-4「⑊」介面介紹 P.264。】

❸ 為首頁進入時的介面，可選擇錄製單集、上傳單集。【註：請參考 5-2-3-5「➕」介面介紹 P.265。】

❹ 點選「▽」可查看聊天紀錄、陌生訊息。【註：請參考 5-2-3-6「▽」介面介紹 P.265。】

❺ 點選「☺」可查看發布的節目、單集數據分析，及設定系統偏好設置。【註：請參考 5-2-3-7「☺」介面介紹 P.266。】

5-2-3-3

「⌂」介面介紹

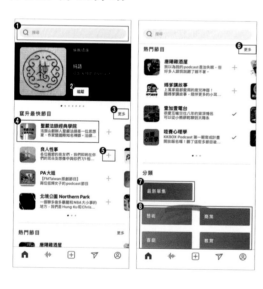

❶ 點選「搜尋欄」底下會自動出現熱門節目。【註：可使用關鍵字查詢節目、單集及 Podcaster。】

❷ 點選「追蹤」可追蹤該節目。

❸ 點選「更多」可查看更多推薦的節目。

❹ 點選「節目欄位」可進入該節目介面。【註：請參考 5-2-3-3-1 節目介面介紹 P.263。】

❺ 點選「+」可追蹤該節目。

❻ 點選「更多」可查看更多熱門的節目。【註：依介面區分的分類，會引導至相對應的節目。】

❼ 點選「最新單集」可查看所有更新單集。

❽ 點選「節目分類」可查看該分類的節目。

♬ 5-2-3-3-1 **節目介面介紹**

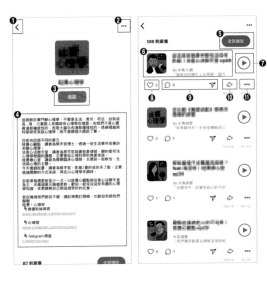

① 點選「く」可回到「⌂」介面。

② 點選「…」選單可以文字或語音方式傳送訊息、選擇不同方式分享節目及封鎖、檢舉該節目。

③ 點選「追蹤」可追蹤該節目。

④ 此處可查看該節目的描述。

⑤ 點選「全部播放」可播放該節目所有的單集。

⑥ 點選「單集欄位」可進入該單集介面。【註：請參考 5-2-3-3-2 單集介面介紹 P.263。】

⑦ 點選「▷」可播放或暫停單集。

⑧ 點選「♡」可給該節目按讚。

⑨ 點選「〇」或「▽」能以文字、語音訊息留言給該節目。

⑩ 點選「⟿」可選擇不同方式分享節目。

⑪ 點選「◦◦◦」選單，可檢舉該節目。

♬ 5-2-3-3-2 **單集介面介紹**

① 點選「く」可回到節目介面。

② 點選「播放」可播放或暫停單集。

③ 此處可查看該單集標題。

④ 點選「♡」可給該節目按讚。

⑤ 點選「〇」或「▽」能以文字、語音訊息留言給該節目。

⑥ 點選「⟿」可選擇不同方式分享該單集。

⑦ 點選「◦◦◦」選單，可檢舉該單集。

⑧ 點選「查看更多」可查看完整的單集說明。

⑨ 點選「新增留言」可以文字、語音訊息留言給該節目。

⑩ 點選「單集播放器」可進入單集播放的介面。【註：請參考單集播放介面介紹 P.264。】

◈ 單集播放介面介紹

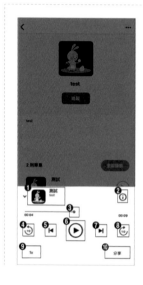

① 點選「單集名稱」可縮小單集播放器。

② 點選「ⓘ」可進入該單集介面。

③ 點選「●」可左右拖曳單集播放的時間軸。

④ 點選「⟲」可往前 10 秒播放單集內容。

⑤ 點選「|◀」回到播放起始處。

⑥ 點選「▶」可播放或暫停單集。

⑦ 點選「▶|」前進到播放結尾處。

⑧ 點選「⟳」可往後 10 秒播放單集內容。

⑨ 點選「1x」可選擇倍速播放單集。

⑩ 點選「分享」可選擇不同方式分享該單集。

5-2-3-4
「ᴴ」介面介紹

① 點選「節目」為系統預設顯示已追蹤的節目。

② 點選「新單集」可查看追蹤節目的更新單集。

「✚」介面介紹

❶ 點選「錄製新單集」可進入錄音介面。

❷ 點選「上傳新單集」可進入上傳檔案的介面。

「▽」介面介紹

❶ 點選「聊天」為系統預設顯示對話內容。

❷ 點選「陌生訊息」可查看聽眾發給自己的訊息。

「☺」介面介紹

❶ 點選「⚙」進入個人設定的介面，可查看發布節目單集的資訊。【註：請參考 5-2-3-7-1 個人設定介面介紹 P.266。】

❷ 點選「查看更多」可查看每集單集的播放數據、聽眾使用的收聽平台及所在的位置。

❸ 點選「Podcast 各平台排名」可查看已發布的節目在 Podcast 平台的排名。

❹ 點選「單集名稱」可查看該單集一週或一個月的播放數據。

♬ 5-2-3-7-1 個人設定介面介紹

❶ 點選「＜」可回到「☺」介面。

❷ 點選「測試」可選擇其他已建立的節目。

❸ 點選「瀏覽個人檔案」可查看、編輯節目或單集內容。

❹ 點選「發布狀態」可查看於各個 Podcast 平台的上架狀況。

❺ 點選「單集」可查看、分享已發布的單集或草稿。

❻ 點選「播放歷史」可查看已收聽過的單集。

❼ 點選「設定」進入設定系統的介面。【註：請參考「設定」介面介紹 P.267】

◈「設定」介面介紹

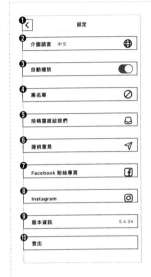

❶ 點選「<」可回到個人設定介面。

❷ 點選「介面語言」可切換語言為中文、English。

❸ 系統預設自動播放 Podcast，若不想自動，可點選「⬤」取消該功能。

❹ 點選「黑名單」可查看已被列進黑名單的節目。

❺ 點選「投稿靈感給我們」系統會跳出視窗，可在此輸入靈感內容。

❻ 點選「提供意見」系統會跳出視窗，可在此輸入意見。

❼ 點選「Facebook 粉絲專頁」可進入 Firstory 粉絲專頁的頁面。

❽ 點選「Instagram」可進入 Firstory 商業帳號的頁面。

❾ 點選「版本資訊」可查看目前最新版本。

❿ 點選「登出」可登出該帳戶。

Getting Started with Podcast:
a must-have collection for novices

PODCAST入門

新手創建的必備寶典

書　　名　Podcast 入門：
　　　　　新手創建的必備寶典
作　　者　曾蘋果、豆子金、盧‧納特

總 企 劃　盧美娜
主　　編　譽緻國際美學企業社‧莊旻嬑
助理文編　譽緻國際美學企業社‧黃于晴
美　　編　譽緻國際美學企業社‧羅光宇

發 行 人　程顯灝
總 編 輯　盧美娜
發 行 部　侯莉莉、陳美齡
財 務 部　許麗娟
印 　務　許丁財
法律顧問　樸泰國際法律事務所許家華律師

藝文空間　三友藝文複合空間
地　　址　106 台北市安和路 2 段 213 號 9 樓
電　　話　（02）2377-1163

出 版 者　四塊玉文創有限公司
總 代 理　三友圖書有限公司
地　　址　106 台北市安和路 2 段 213 號 4 樓
電　　話　（02）2377-4155
傳　　真　（02）2377-4355
E-mail　service@sanyau.com.tw
郵政劃撥　05844889 三友圖書有限公司

總 經 銷　大和書報圖書股份有限公司
地　　址　新北市新莊區五工五路 2 號
電　　話　（02）8990-2588
傳　　真　（02）2299-7900

初　　版　2021 年 10 月
定　　價　新臺幣 488 元
I S B N　978-986-5510-84-8（平裝）

國家圖書館出版品預行編目（CIP）資料

Podcast入門：新手創建的必備寶典/曾蘋果,豆子金,
盧.納特作. -- 初版. -- 臺北市：四塊玉文創有限公
司, 2021.10
　　面；　公分
　　ISBN 978-986-5510-84-8(平裝)

1.廣播 2.廣播節目製作

557.76　　　　　　　　　　　　110010366

三友官網　　　三友 Line@